WAC BUNKO

それでも習近平が中国経済を崩壊させる

朝香豊

WAC

はじめに

中国経済崩壊論の本ならすでに何冊も出ていて、「崩壊する、崩壊するって言いながら、一体いつ崩壊するんだよ」という意見にも時々出くわすことがあります。コロナ禍で深く沈んだ2020年の世界経済の中で、主要国の中では唯一プラス成長を遂げたのが中国で、2028年にはいよいよアメリカに追いつくのではないかという話まで飛び出せば、確かに崩壊論に対して「嘘つき」だと感じるのはやむをえないでしょう。

ですが、例えば中国が2020年にプラス2・3%の経済成長を遂げたというのが単なる政治的プロパガンダにすぎないということを理解したら、また、実際はかなり危険な状況になっているのを隠していると知ったら、中国経済崩壊論に対する捉え方というのも大きく変わるのではないでしょうか。マスコミが振りまく一般的な中国経済のイメージと現実の中国経済との巨大な落差をリアルに認識すると、中国経済がもはや引き延ばすことができない段階に入ってきていることが理解できると思います。

これまでの中国の経済成長は、その経済成長を遥かに上回る負債の拡大によって実現されてきたものにすぎません。負債の拡大ばかりに依存する経済構造は決して効率的なものではありませんし、持続可能なものでもありません。そして負債があまりにも大きくなりすぎたことには、中国自身が実は恐怖を感じている状態になっています。増えすぎた負債の制御ができずにこれに押しつぶされそうになっているのが、現実の中国経済です。

本書の中でその負債に押しつぶされそうになっている構造がどういうふうに具体的に表れているのかを、様々な側面から示してみました。

さて、習近平が何を考えているのかというのは社会主義を深く学んでいないと見えにくい部分がありますが、本書を読めば彼が何をしたいのか、それがいかに的はずれなことなのかということもわかってくるはずです。その中で今の中国の弱点や問題も見えてくるのではないかと思います。

私はできる限り平易な記述を心がけながらも、決して内容の浅いものにしないように心がけました。これまでに中国経済崩壊論を何冊も読んでこられた方にとっても、新しい視点がきっと付け加えられるものと確信しています。

私が今このような本を書くことができたのは、ワック株式会社の佐藤幸一常務をはじめとするＷｉＬＬの編集に関わる多くのスタッフの方々のおかげです。私が単なる無名の一ブロガーでしかなかった時に、月刊ＷｉＬＬやデイリーＷｉＬＬオンラインへの執筆の依頼をしてくださいました。その後はＹｏｕＴｕｂｅ番組のＷｉＬＬ増刊号への出演もたびたびさせてくださるようになりました。私が時々取り上げる中国経済の話題を面白いと思っていただき、私がぽろっと話した「中国の負債総額が1京《けい》円を超えましたよ！　中国経済はもうこれ以上崩壊を引き延ばせないんじゃないですか」との発言を捉えて、「なら、その本を書いてみませんか」とワックの皆さんが声を掛けて下さいました。バブルの形成と崩壊に関する金融経済論、マルクス経済学、社会主義論などを学んできた私にしかなかなか書けない中国経済論というものがあるのではないかと思い、ぜひにということで引き受けさせてもらいました。

最後に、私がこうして本を書けるのは、この世に私を産んでくれた母と、子供の教育に力を入れてくれた亡き父がいたからだということに感謝させてください。

朝香　豊

それでも習近平が
中国経済を崩壊させる

目次

装幀／須川貴弘（ＷＡＣ装幀室）

第一章

衝撃！　中国GDPの大ウソ

李克強発言——習近平に仕掛けたワナ

2020年5月に、新型コロナウイルスの蔓延のせいで延期されていた全国人民代表大会が開かれ、その閉幕後の記者会見で中国の李克強首相から爆弾発言が飛び出しました。「中国は人口が多い発展途上国であり、年間の可処分所得は平均で3万元(47万円)だが、平均月収が1000元(1万6000円)前後の中低所得層も6億人いる。月収1000元では中規模都市で部屋を借りることすらできない」と語ったのです。ちょっと誤解されやすいのですが、この月収1000元というのは家庭の平均的な収入の話です。例えば、共働きの夫婦二人に子供が一人の家庭の場合には、夫婦二人がそれぞれ月額1500元ずつ稼いでいたとして、合計すると3000元ということになり、これを3人家族で割れば一人あたり1000元ということになります。こういう感じで働いていない子供や老人などを含めて一人あたりの収入が1000元程度の家庭に住む人たちが6億人いるという話になっているわけです。

2012年の第18回中国共産党大会で習近平は中国共産党総書記になることが正式に決まりました。その席で習近平は2020年に貧困撲滅を実現し「小康社会」(ややゆとりある社会）を全面的に達成するのだと宣言していました。それなのに、中国の人口の半分近くがこの程度の暮らしなのかということに、中国人たち自身が驚いたわけです。そしてこれは習近平に対する痛烈な批判にもなっていました。習近平と李克強は路線対立をしていて、経済政策の方向性が随分と違います。習近平路線が間違っていると考えている李克強は、習近平の追い落としを狙っているのです。

習近平を少しだけ弁護しますと、彼が撲滅するとしていた貧困は年収2300元以下の絶対的貧困層のことでして、これは物価上昇を加味すると現在の年収で3300元（5万2000円）以下、月収で275元（4300円）以下の人たちです。つまり、月収1000元のさらに1／3にも達しない層についての話です。この層さえ消すことができれば、公約した貧困撲滅は実現したということになります。なので、李克強発言は直接的には習近平の貧困撲滅を否定したものではないという建前になります。このあたりの攻め方はさすが頭のいい李克強だなと思います。ですが、人間はそんな厳密なことをしっかり考えて判断するわけではありませんから、このインパクトは非常に大きいものでした。

ただ、李克強発言が物議を醸したのはそれだけではありません。中国の通常の公式統計と辻褄が合わない数字をオープンにしたからでもあったのです。中国国家統計局は2020年1～3月期の1人当たりの可処分所得の統計を発表しています。これの中央値は71

09元（3カ月間の合計）で、月額に換算すると2370元（3万7000円）ほどになります。「中央値」は平均値とはちょっと違っていて、全体の順位でちょうど真ん中にいる人の値はいくつですかという話です。要するに14億人いるとされる中国人たちの中で上から7億人目の人の月収はいくらですかということなんですが、この値が2370元だと発表されていたわけです。この2370元と下位6億人の月収1000元との落差があまりに大きいので、この乖離をどう説明すればいいのかということになります（元の表記がたびたび出てきます。主なモノは円表記もしますが、1元はおよそ16円だと覚えておいてください）。

また中国政府が公式に発表している正社員の最低月給（2020年10月現在）は、最も安い安徽省で1550元、江西省や黒龍江省で1680元となっていますが、全人口の半数近い6億人がこうした最低月給を大幅に下回っているというのはどういうことなのかという疑問も当然出てくることになります。中国にも単身者は多いですし、夫婦共働きで子供がいないという家庭も普通にあります。「子供がいるから一人あたりの金額が小さくなってしまうのだ」という理屈を押し通すのは、なかなか難しいのが実際です。建前と現実との間には相当深い闇があることが示唆されるわけです。

さて、その後中国統計年鑑2019というものに李克強首相が依拠したと思われる表が掲載されていることが発掘されました。これによると手取りの月収が1090元（1万7

000円）未満が6億人、1090元以上2000元（3万1000円）以下が3億6400万人、2000元以上5000元（7万9000円）未満も3億6400万人で、95％が月収7万9000円以下ということになります。この統計に従うと先に挙げた可処分所得の中央値の月額2370元（3万7000円）とは完全に矛盾することになります。月収2000元以下の人が9億6400万人いるわけですから、これよりも高い2370元が中央値になるわけがないからです。

このことからわかるのは、中国には同一のことを記すのに複数のデータがあり、それらをテキトーに使い分けているということです。今回はこの2つのデータはともに公開されているものでしたが、中には非公開のものも数多くあるのは容易に想像がつくでしょう。

そもそもこの中国統計年鑑2019に記載されている表自体が、李克強の政治的意図に基づいて仕組まれたものである可能性が極めて高いものなのです。2020年に貧困撲滅を実現し、小康社会を達成するのだと宣言している習近平の顔に泥を塗るために、前年から仕込んでおいたデータではないかと考えられるのです。というのは、この表の月収区分の数字が異常だからです。月収区分を見ると、1000元から1090元、1090元から1100元、1100元から1500元という分け方をなぜかしているのです。どうして1090元などという中途半端な数字を出さなければならないのか。また1090元から1100元というわずか10元しか違わない所得区分をなぜわざわざ作らなければならないのか。その上の所得区分は1100元から1500元で400元の幅になっているのにです。どう考えてもおかしいでしょう。

実は月収が1090元以下の人たちの累計人数が5億9992万人となって、李克強首相の述べた6億人とほぼ一致するというところがミソなのです。完全に1000元以下にしてしまうと5億4742万人となって6億人とは大きく数字がずれこんでしまいます。さらに、ちょうど下から6億人にあたる人の年収が1090元よりは高いが1100元はないということも明示したかったのだろうと思います。李克強としては6億人と符合する区分がどうしても欲しかったのでしょう。そのために1000元から1090元、1090元から1100元という不自然な所得区分を敢えて作って表の中に入れたと思われるのです。

こうして捉えてみると、李克強の戦略がなかなか手の込んだものであることがわかります。李克強は「平均月収が1000元前後」が6億人というぼやけた言い方を敢えてして世間の注目を集めた上で、この根拠となるのがこの統計データであることに後で注目させる戦略を描いていたのでしょう。そして彼が語った「平均月収が1000元前後が6億人」は本当は「平均月収が1090元以下が6億人」であり、月収1000元に満たない人た

一人当たりの月収分布

	百分比(%)	人数(万人)	累計百分比(%)	累計人数(万人)
0	0.39	546	0.39	546
0-500	15.42	21589	15.81	22135
500-800	14.43	20203	30.24	42338
800-1000	8.86	12404	39.10	54742
1000-1090	3.75	5250	42.85	59992
1090-1100	0.37	518	43.22	60510
1100-1500	13.30	18621	56.52	79131
1500-2000	12.33	17263	68.85	96393
2000-3000	14.81	20735	83.66	117128
3000-5000	11.21	15695	94.87	132823
5000-10000	4.52	6328	99.39	139151
10000-20000	0.56	784	99.95	139935
20000+	0.05	70	100.00	140005

中国統計年鑑2019より作成

ちもたくさんいることに気づかせようとしたのでしょう。

実はこの表にはさらに衝撃的な数字も記載されていました。それは収入がゼロとなっている人たちが５４６万人もいたのです。２０１９年の段階で無収入の人たちが５４６万人もいたのでは、２０２０年に月収で２７５元以下の絶対貧困層に限ったとしても、その撲滅など到底実現できるわけがありません。２０１３年からずっと貧困撲滅に徹底的に力を入れてやってきたのであれば、無収入とみなされる層はこの時点でほぼゼロになっていないとおかしいはずです。この統計が習近平の顔に泥を塗る目的のために、李克強がわざわざ事前に仕込んだものではないかという私の見立ては、こういう根拠に基づくものです。

このように中国の統計には強烈な政治性が仕込まれています。その中には真実に近そうなものもあるでしょうが、真実から程遠いものもあれば、表に出されるものもあります。表には出てこないで裏でこっそり取られているだけのものもあります。ですから、表に出てくる公式の数字を疑いなく受け入れてはならないのです。これは中国統計を見る際には必須の考え方です。

さて、李克強と言えば、遼寧省の共産党委員会書記（遼寧省のトップ）だった時にアメリカのラント大使に対して、「遼寧省のGDP成長率など信頼できません。私は省の経済状況をみるために、省内の鉄道貨物輸送量、銀行融資残高、電力消費の推移を見ています」と語ったことでも知られます。遼寧省が公式発表しているGDPの公式データなど全く当てにならず、鉄道貨物輸送量、銀行融資残高、電力消費から推計したほうがGDPの伸びはよっぽど正しい数値になると述べたわけです。この発言自体は当然オフレコで、ラント大使がアメリカ国務省に報告した際にも機密情報扱いにしていたのですが、機密情報をハッキングして公開するウィキリークスにやられて、広く知られるようになってしまいました。

この鉄道貨物輸送量、銀行融資残高、電力消費量から割り出した指数を「李克強指数」と呼び、これによって中国のGDPの推計に用いる見方が広がりました。ただし、鉄道貨物での輸送が多いのは石炭や鉄鉱石といった鉱物資源であり、一般の貨物はトラック輸送が普通です。石炭の生産量の多い遼寧省の経済を見るには参考になりますが、他の地域ではあまり景気動向に大きな影響を与えないのではないかという指摘もあります。また、中国の銀行は国有企業融資に偏っていますから、民間経済を見るのに銀行融資残高はあてにならないのではないかとか、重厚長大産業が中心じゃないと電力消費の大きな増減は起きないのではないかといったことも指摘されたりしています。こうしたこともあって「李克強指数」は石炭が重要な産業となっていて、重厚長大の国有企業が中心となった遼寧省の地域性に特化した指標としては有効だろうが、中国全土を見るにはあまり適していないのではという指摘がなされています。そしてこれは確かにそのとおりでしょう。

また、中国で景気浮揚のために公共事業を増やすと、消費電力が急激に増えることもありますよね。また強い統制経済のもとで貨物輸送を意図的に増やすことも可能です。こうしたことによって、「李克強指数」の方が公式のＧＤＰ成長率を上回ることもあり、こういう点でもあんまりあてにならないということも指摘されています。

また、先にも見たように物流で貨物を使う比率は小さいことから、貨物輸送全体（トラック輸送・水運・鉄道貨物・航空貨物）のデータを構成指標にした「修正李克強指数」なるものとか、李克強指数よりも扱うデータを増やしたＣＡＰ指数といったものも考案されています。

それはともかく、地方政府の発表する数字があてにならないのはどうしてでしょうか。これには地方政府の役人は高いＧＤＰの成長率を報告しないと出世に大きく響くことになるという事情が関係しています。出世のためには数字の改ざんをしないわけにはいかないのです。

中国全体のＧＤＰの値は各地方政府が報告するＧＤＰの値の合計と本来は一致するはずなのですが、全体のＧＤＰの値の方が常に下回っているという面白い現象もあります。また、すべての地方のＧＤＰの伸び率が国のＧＤＰの伸び率を上回っていたなどという年もあったりします。すべての地方が「ＧＤＰが10％以上伸びました」と報告している時に、国家全体では「ＧＤＰの伸びは8％でした」はないですよね。そんな感じになっていた年もあると考えてください。

ところで習近平政権は省のＧＤＰを省が集計するのをやめさせ、中央政府が行う方針に変更しました。予定としては２０１５年から実施するはずだったのですが、いろいろと遅れて結局２０２０年からにずれ込みました。これで地方の役人のごまかしがなくなることが期待されています。

こういう話を聞くと、今後は中国が発表するＧＤＰは信頼できるのではないかと思ってしまうかもしれませんが、そう思うとしたらそれは完全な錯誤でしょう。習近平は小康社会を実現するために、2020年には2010年比で2倍のGDPに引き上げると宣言していました。宣言した以上は少なくとも数字の上では実現しないわけにはいきません。10年でGDPを2倍にするするためには、平均で年率7％ちょっとの経済成長を実現しなければなりません。習近平が総書記になる前の2011年のGDP成長率の公式数字が9・5％、2012年の公式数字が7・9％でしたから、残りの8年間の成長率の平均が6・5％を上回れば目標は達成できるということになります。新型コロナ感染症の流行のために、2020年に2010年比で2倍のGDPを実現することは公式数字でも難しくなりましたが、それでもコロナさえなければ達成できたという数字にしないと習近平のメンツが立ちません。そのために数字が作られていると考えるべきなのです。中国の統計には常に政治性が含まれていることを、我々は絶対に見逃してはならないのです。

マイナス成長を暴露した向松祚発言

このことはまた、中国人民大学の教授で国際通貨研究所の副所長でもある向松《こうしょう》祚《そ》氏の発言によっても確認できます。

向松祚教授は単なる大学教授なのではなく、中国政府の中枢に近い情報にアクセスできる体制内エコノミストです。それでいながら習近平の経済政策には厳しい発言をしていま す。よく捕まらないものだと思ったりもしますが、向教授は決定的な発言にはならないよ うに気をつけながらも、いざという場合には腹を固めて話をしているのでしょう。実は中 国の経済学会の中にも向教授のような考えは渦巻いており、彼を必死に守ろうとして動い てくれる人たちも多いようです。

この向教授は２０１８年12月の講演で「国務院（内閣）直轄の特別チームが２０１８年 のＧＤＰ成長率は１・67％と内部試算した。マイナスだと試算したものもある」と述べて、 物議を醸しました。２０１８年の中国の経済成長率は公式には６・６％ということになっ ているのに、裏側では国家中枢に近い筋が１・67％だとかマイナス成長だといった統計デー タを弾いていることを表に出したからです。

この件について日経新聞のインタビューで尋ねられた向教授は「講演で引用したのは、 彼らの試算が正しいと認めたわけでも受け入れたわけでもない」との言い訳をしつつも、 以下のように発言しています。

「たしかにこの機関の研究員はこうした仕事をした。彼ら自身の方法で試算しており、彼 らも発表していないので、私も誰だか言ってない」

「（中国に31ある省・直轄市・自治区のうち）２０１８年は２０１７年と比べて大部分の地区

で成長率が減速し、23の地区が2019年の成長率目標を下げた。私は2018年、ある政府高官が『少なくとも10地区はマイナス成長だ』と言ったのを聞いた」

「企業利益、住民の可処分所得、工業生産などから逆算するとGDP成長率はかなり低い。一部の人は『李克強指数』から成長率を推計しており、彼らは2018年の成長率は政府発表ほど高くないと考えている」

向教授は少なくとも1／3ほどの省でマイナス成長であったことを示唆しつつ、政府の公式発表に信頼を寄せていないことを匂わせているわけです。国家の中枢部分では正しく経済規模を考える必要があり、そういう機関で仕事をする専門家は全く違う数値を弾いていることもわかります。そしてそれらは表に出てくることはないですし、どういう立場の誰がその数値を出しているかは表には出せない事情をほのめかしているとも言えるでしょう。これが中国の統計の実際なのだと考えるべきなのです。

なお、2018年は中国政府が安易な資金調達はダメだとして金融を厳しく締め上げた年だというのは、知っておいたほうがいいでしょう。2018年は上半期で504万社の企業が破綻したとのニュースが中国のポータルサイトの「網易」（ネットイーズ）に出て、中国国内で話題になった年でもあるのです。504万社というのはざっと中国の企業全体の1／6に相当する企業数ですから、どれだけとんでもない経済の逆風が吹いていたか、わかるでしょう。実体経済をここまで痛めつけておいて、経済成長率は6・6%でしたと涼しい顔で発表していることへの怒りを、向教授は感じていたのではないでしょうか。

向教授はまた以下のようにも語っています。

「2018年の名目GDPは90兆元（約1500兆円）。理論的にはGDPは住民所得、企業利益、財政収入の合計だが、3つ足しても90兆元にはとても届かない。多くの統計数値が相互に矛盾しているから、政府が公表する数値を多くの人が疑う」

この発言から政府の統計全般、特に公式発表されているものが信頼できないことが伺えます。さらにGDPの絶対額についても現実とは大きなズレがあることを示唆しています。よく中国経済には表に出ない闇経済が大きいから、GDPの見積もりが甘くても闇経済を加えるとGDPの絶対額はさほど変わらないのではないかという見解もあるのですが、向教授の発言からすると、闇経済を加えた「真のGDP」でも政府発表のような大きさにはなりそうにないことが推察されます。そのズレは恐らく5%とか10%といったものではないのでしょう。

向教授はさらにこんな発言もしています。

「もし2018年のGDP成長率6・6%が正しければ、これほど多くの景気刺激策を打ち出す必要はないはずだ。世界のどこがこれほど大きいのにまだ6%以上成長しているだろうか。あわてて金融政策、財政政策をこんなに緩める必要などない。唯一の解釈は我々の経済成長率はそれほど高くないということだ」

ここまで言えば、中国のGDP統計は全く信用できないと断言したようなものでしょう。国家の中枢に近い筋からこうした生々しい話が情報発信されていることを我々は見逃すべきではないと思うのです。

なお、向教授は2019年10月に中国政府がこの年の第3四半期（7月〜9月）のGDPが前年比で6％増加したと発表したのを受けて、直ちに中国版ツイッターのウィーチャットに「財政収入と企業利益はほとんどマイナス成長で、国税収入もマイナス成長なのに、GDP成長率はどのようにして6％になるのか」と書き込みました。我々が見ることのできない経済上の本当の数字を見ることのできる立場からすると、2018年だけでなく2019年もGDPは恐らくマイナス成長だったということなのです。

コロナで失業率20・5%、失業者1億4千万人に

経済成長率を考える際にヒントになるのは失業率です。経済成長が上がればそれだけ人を雇いたい企業も増えるわけですから失業は減りますし、経済成長が落ち込めばそれだけ

人余りになって解雇される人が増えますから、失業は増えることになります。要するに、失業率と経済成長率の動きには反比例的な関係があるわけです。

では、中国で新型コロナウイルス感染症の影響が強く出た2020年の第1四半期（1月～3月）では新たにどのくらいの失業が出たのでしょうか。アジア開発銀行は6290万～9520万人に達するのではないかとの推計値を出しています。スイスを代表する金融機関のUBSも7000万～8000万人が新たに失業したのではないかという推計値を発表しています。李迅雷・中泰証券研究所所長も新たな失業者は7000万人を越えているとの推計値を発表しました。様々な機関がそれぞれ独自に推計した結果がほぼ一致していることから、こうした数字は恐らく中国で実際に起こった現実に近いものだと考えてよさそうです。ですが、李迅雷所長の発表は中国共産党の逆鱗に触れることになり、李所長は解雇されてしまいました。これが中国の現実です。

ところで中国の経済成長率を考える際に中国の失業率統計は使えるのでしょうか。答えは残念ながらノーです。

中国で発表されている公式の失業率には、都市部登記失業率（登記失業率）と都市部調査失業率（調査失業率）の二つがあります。都市部登記失業率というのは公的機関に届け出た人数から出される統計です。こういうとわかりにくいのですが、日本で言えばハローワーク（職業安定所）に届け出た人数から数値を出すような感じだと思えばいいです。

失業した時に日本でハローワークに届け出を出すのは、雇用保険（失業保険）をもらうためです。失業しても届け出ないともらえるものがもらえなくなります。ですから失業したらハローワークに行く人はとても多いわけです。ですが、中国では公的機関に届け出て意味のある人とない人がいて、このために失業率統計が役に立つものにはなっていません。

中国には戸籍による差別というものがあります。もともと農民の子として生まれた場合には農村戸籍（農業戸籍）が割り当てられ、都市住民の子として生まれた場合には都市戸籍（非農業戸籍）が割り当てられます。近年はこうした戸籍の違いをなくして「統一戸籍」に移管する動きもあるにはあるのですが、都市によって「統一戸籍」の受け入れ枠があり、非常に厳しい条件を満たさないと農村戸籍の人がこの枠の中に入るのはかなり大変なのが実情です。

農村戸籍の人であっても都市に出て働くことはできます。こうした人を「農民工」と中国では呼んでいます。かつての日本でよく言われていた「出稼ぎ労働者」のような人たちです。

中国では農民工は失業したら田舎に帰って農業をすればいいという扱いになっていて、失業保険に加入できないようになっているのです。企業の方も農民工を雇っても保険料の負担をしなくて済むからお手軽です。失業保険に加入できないわけですから、農民工の人たちはクビを切られても公的機関に届け出ることはありません。届けたところで失業保険がもらえるわけではないですし、戸籍が違うので、そもそも届け出る資格自体もないからです。農民工の人たちの雇用は景気の影響をもろに受けて激しく上下しているはずなのですが、失業統計からは常に排除されているのです。

失業統計の対象となるのは失業保険の対象となる都市戸籍の保有者に限られています。彼らは正社員として雇用されていることが多く、出稼ぎ労働者としてアルバイト的な扱いを受ける農民工よりも身分は安定していて、景気の上がり下がりの影響を受けにくい存在だともいえます。そのため登記失業率は2003年以降ほぼ4%前後で安定していて、大きな変動がないのです。さらに言えば、公式発表されているこの数字も政治的な意図から作為されていると考えるべきです。前半だけで504万社が潰れたとされる2018年でも、この数字は少しずつ下がっています。つまり失業者はどんどん減っていることになっていたわけです。

近年登録失業率が下がっている要因として、受給手続きが煩雑なこともあります。失業者である以上はいつでも暇だろうという勝手な前提で、呼び出しを受けたらすぐに向かわないといけません。そのうえで人の嫌がるような仕事を命じられてやらされることにもなります。日本のように失業状態であることがわかり、求職活動をやっている確認がとれただけではダメで、いつでも呼び出しに応じて命じられる仕事がどんなに嫌なものでも逆らわずにやるというのが、失業保険がもらえる条件になっているのです。これなら失業率が上がりにくいのも理解できますよね。

もう一つの失業率である調査失業率は、都市戸籍を持つ人たちに対してサンプリング調査を行い、それによって失業率を割り出すというものです。こちらでもやはり農民工の人たちは最初から調査対象から排除されています。この調査失業率の方が登記失業率よりも若干高めの数字が出る傾向にあります。これは失業していることを届けてももらえる失業保険の額が大したことがないし、手続きが煩雑でもらえないこともあるので、わざわざ届けない人もいるからだと言われています。調査失業率だと、コロナ前は5％台前半だったのがコロナ後には一瞬6％台に上がったりもしました。とはいえ、この数字も政治的な意図から作為されていると考えるべきです。中国全土で7000万人以上が解雇されたはずなのに、1％程度しか調査失業率が変化しないというのは、どう考えても変です。

中国の失業率にはさらに裏があります。解雇にせずに「長期休暇」扱いにすれば、失業の発生にはならないという屁理屈がまかり通っているのです。そしてこのような扱いが本当に推奨されていました。こうなると、実質的には失業者で給料はもらえないが、失業者としては認定してもらえないから失業保険も受け取ることができないということになるわけです。それなら自分から辞めるという選択も考えられそうですが、この場合には自己都合で辞めたんだから、失業保険の対象にはならないという、厳しい現実が待っています。

なお、先にも取り上げた李迅雷所長は、クビを切られた大半の農民工も失業者として捉えた場合には、失業率は20・5％に達するのではないかと推計していました。

ちなみに中国の労働者人口は7億人程度とされているので、7000万人を越える失業者が出たとすれば失業率は10％程度高くなったということになります。そして20％を超える失業率になったと李所長が推計していることからすれば、失業者数は1億4000万人を超えることになります。つまりコロナ騒動前での中国の失業率は10％くらいあったのが、コロナ騒動があってから20％以上に跳ね上がったという話です。

ここまで失業率が高まっていながら、この時（2020年の1月から3月）の経済成長率はどうだったでしょうか。さすがの中国もプラス成長だったと発表するのは気が引けたようで、年率換算でマイナス6・8％だと発表しました。

中国の統計でわかりにくいのは、この数値が「前期比」ではなく、「前年同期比」だというところです。「前期比」だとその直前の期（2019年の10月から12月）と比べてどれだけ経済が動いたかになりますが、「前年同期比」だと前年同期にあたる2019年の1月から

3月の期と比べてどれだけ経済が動いたかになります。

「そんなめんどうくさい専門的な話は抜きにしてくれ！」と思うかもしれませんが、ここは実は相当に重要な話なのです。というのは「前年同期比」だとマイナス6・8％だと発表された経済成長率が、「前期比」になるとマイナス37％ほどになってしまうからです。

公式統計上では、中国は2019年に年率6・1％の経済成長をしたことになっています。これは四半期ごと（3カ月ごと）に分けると、各四半期で1・5％くらいずつ経済成長していたことになります。本当の計算では正しくはないですが、3カ月ごとに1・5％ずつの経済成長を年間4回続ければ、1・5×4＝6・0となり、ほぼ6・1になりますね。

「前期比」だと1・5％の経済成長を3回続けた後、つまり4・5％程度経済成長したところからの落ち込みになります。ところが「前年同期比」だと、この4・5％程度経済成長したというところが計算には入らないので、落ち込みの幅が小さく見えるようになっているのです。

具体的な計算は煩雑なので飛ばしますが、「前年同期比」だとマイナス6・8％となる話が、「前期比」だとマイナス37％に変わるというびっくりするような仕掛けがあるのです。

日本では中国よりも少し遅れてコロナの流行があり、4月7日に緊急事態宣言が出されました。不要不急の外出は控えるように言われ、在宅勤務が奨励されました。ちょうどその時期にあたる2020年の4－6月期のGDPは前期比でマイナス28・1％になりました。中国がマイナス6・8％に留まっているのに、日本はマイナス28・1％なのかと、愕然とした人も多かったのではないかと思うのですが、実は中国の統計を日本と同じように前期比で見ていたら、日本の方が被害が軽かったということを意味しているのがわかります。数字のマジックを感じませんか。

では、中国側が使った「前年同期比」でのマイナス6・8％、「前期比」でのマイナス37％というのは事実を正確に表しているのかと言えば、そんなことはありません。マイナス28・1％とかマイナス37％というと、随分大きいように見えますが、ここには「年率換算」という仕掛けが影響を及ぼしています。

日本の場合の年率換算マイナス28・1％というのは、実際には8％程度の落ち込みを意味しています。3カ月で8％程度の落ち込みになることがそのまま1年間続くとしたら、マイナス28・1％になりますよということなのです。中国が「前期比」でマイナス37％だとしても、実は3カ月では11％程度の落ち込みにとどまるということになります。そうすると、日本のマイナス8％程度の落ち込みよりはきついとしても、それでも1割ちょっとの経済の落ち込みに留まったんだということになりますが、それは本当でしょうか。

ちょっと思い出してもらいたいのですが、2020年の2月とか3月に中国ではどんなことが行われていたでしょうか。例年1週間だった春節休暇が2週間とか3週間とかに引き延ばされ、みんな仕事に出かけられなくなりました。そしてこの春節休暇には事前脱出組といった例外を除けば、旅行などもできなくなりました。激しい都市封鎖（ロックダウン）が行われ、引き延ばされた春節休暇が明けてからも操業できない会社はたくさんありました。店舗閉鎖は実質的には4月半ばまで続けられたようです。

春節休暇は日本の歳末・年明けと同様で、例年膨大な売り上げが発生するのですが、これが完全に吹っ飛びました。外出できるのは食料品などの生活必需品を買いに行く時だけで、しかも一家で一人だけに限定され、外出できる時間も厳しく制限されていました。街中のお店は、食料品を提供するスーパーを除いては、軒並み休業状態でした。そしてこの期間には李迅雷所長が指摘するように、10％程度の失業率の上昇があったはずなのです。

日本の4月から6月においては、外出の自粛を求められましたが、中国のような強力な都市封鎖は行われませんでした。アルバイトの人たちはシフトを大きく削られて痛い思いをしましたが、失業率はほとんど増えませんでした。デパートなどは営業を止めたところが多く、飲食店を中心に営業を自粛したお店も多かったのですが、食料品や日用品を扱うスーパーしか営業が認められなかったわけではありません。

あの時に日本の経済の落ち込みが8％程度（年率換算でマイナス28・1％）であるのに対

して、中国の経済の落ち込みがそれをちょっと上回るだけの11%程度（年率換算でマイナス37%）ですんだというのは、常識的に考えてありえないのではないでしょうか。日本は失業率の上昇がほぼなくても8%のダメージでしたが、中国は失業率10%の増加で11%のダメージなのです。

イギリスの落ち込み（4月〜6月）が20%程度（年率換算でマイナス60%）、スペインの落ち込みが18%程度（年率換算でマイナス55%）であったのと比べても、中国の落ち込みは低すぎるとは思いませんか。

日本では突然お客さんが来なくなって経営的に厳しくなった事業者とかアルバイトの人も多いだろうということで、一律10万円の定額給付金を国民全員に渡しました。こうした処置はイギリスやスペインでも行われました。ですが、中国はこういう処置すらやっていないのです。本当に困っている庶民の暮らしを支えるような対策はなかったのです。この状態で、収入が大幅に減ったり無くなったりしても、支出をほとんど変えなかったということがありうるのでしょうか。

中国の公式発表の数字を概ね正しいものだと受け入れて、まじめに議論している経済学者・エコノミストは山のようにいますが、彼らがどれほど現実離れした議論をしているか、そのことがいかに中国を不当に利することになっているか、深刻に考える必要があります。

私は中国の1月〜3月のＧＤＰは25％くらい減っていて、年率換算するとマイナス70％くらいというのが実情に近いのではないかと疑っています。こういう数字はぱっと見ではトンデモ論のように見えてしまうものだと思うのですが、以上に示した日本・イギリス・スペインとの比較を考えれば、それが意外と実情に近いものではないでしょうか。

ゆめゆめ中国の統計など信用してはなりません。

2020年ＧＤＰ――フェイクのオンパレード

中国のＧＤＰが全く当てにならないことについて、また別の観点から考えてみましょう。

２０２１年の１月18日に中国政府は２０２０年のＧＤＰの発表を行いました。第１四半期（1月〜3月）は前年同期比６・８％減、第２四半期（4月〜6月）は3・2％増、第３四半期（7月〜9月）は4・9％増、第４四半期（10月〜12月）は6・5％増で、年間を通じると前年比2・3％増で、初のＧＤＰ１００兆元（１６００兆円）突破だとされました。

繰り返しになりますが、中国のＧＤＰ統計で気をつけなければならないところは、前期比ではなく、前年同期比だというところです。３カ月ごとに1・6％の経済成長を続けていけば、１年間で6・5％くらいの経済成長になることから、仮に前期比で年率6・5％経済成長したという話であれば、前期比で1・6％くらい経済成長をしたのだなということになります。ですが、中国では前期比で経済成長率を出していないので、この見方はできません。

前年同期比だということになると、1年前の2019年の第4四半期と比べて6・5％伸びたという話になっているわけです。これは実質的には1年前に比べてGDPが6・5％伸びたのと同じという話になります。ですので、コロナによる落ち込みを完全に埋めただけでなく、年末には昨年比で6・5％も成長したことになります。

ところで2020年の中国といえば、長江流域を中心に豪雨被害が凄まじかったことは記憶に新しいですね。百年に一度の大洪水とも言われ、世界最大の水力発電所である三峡ダムの決壊すらあるんじゃないかといったことも、ネット上では大いに話題になりました。当然農地にも甚大な被害が生じました。他にもバッタの大量発生とか干ばつ被害とかもいろいろと報じられ、2020年の中国の農業は間違いなく大きなダメージを負っていたはずです。

実際、中国海関総署（税関）のデータによれば、中国が2020年1～11月に輸入した穀物は前年同期比で29・6％も増えています。中国国家食糧・物資備蓄局は、2020年の小麦の主要生産地での買い付け量は8月5日までで4285万7000トンで、前年より938万3000トン減少したと発表しました。前年より2割減少していたことになります。中国政府は農民が売り惜しみをしたために買付けできなかったと説明していましたが、まともに信用しないほうがよさそうですよね。8月には習近平が「食べ残し禁止令」を出したのも話題になりました。価格上昇を抑えるために、備蓄米の大量放出が行われたという報道もありました。

私がなぜ長々とこんな話をしているかというと、このGDP統計の根拠として、2020年の全国穀物生産量は6億6949万トンで、前年比0・9％増だということが前提となっているからです。水害の被害が発生しているどころか、穀物生産量は逆に増えて豊作だったというのです。

水害の被害が微々たるもので、穀物生産量が増えているなら、穀物輸入量をこんなに大幅に増やさなくてもよかったし、大量の備蓄米の市場放出もしなくてよかったはずです。「テレビが大騒ぎしているだけで、実際の被害は大したことないんだよ」と訳知り顔で言う人もいますが、本当にそう思いますか。

気象条件がもたらす食糧生産への影響は想像以上に大きいことがあります。ちょっと古い話なので、若い人は知らないかとは思いますが、1993年（平成5年）に日本で「米騒動」がありました。例年にない冷夏のせいで、米の作況指数が全国平均で74となり、米不足が深刻化したのです。作況指数が74というのは例年に比べて26%も収穫が減ったということを意味します。青森県に至っては作況指数は28、岩手県では30でした。例年と比べると7割も収穫量が減ったのです。自然が味方をしてくれないと生産量が大きく落ち込むのは、農業では当たり前のことです。

二〇二〇年の中国の本当の作況指数がどのくらいかはわかりません。私たちが大げさな報道で被害を過大に考えている可能性もありうるかもしれません。しかしながら100年に一度の大雨が降っておきながら、例年を上回る豊作だったということは、絶対にないでしょう。

そしてこのような事実をちょっと思い起こせば、誰でも気が付きそうなところでも、平気でありえない数字を出してきているのが中国のGDP統計の構成なのです。

もう一つ、面白い数字の話をします。北京大学国家発展研究院の姚洋所長は6月末に、中国全土の6000人の聞き取り調査を行い、この結果として完全無職の人の割合が15%、時々アルバイト的なことに駆り出されることがあってもほぼ失業といっていい人が5%いて、実質的な失業率は20%程度ではないかと推計しました。

「なんだよ、それって先程あげた李迅雷所長の話と同じじゃんか」って思った人もいると思うのですが、ちょっと違うのです。というのは、李所長の推計は3月段階ですが、姚洋所長の場合には6月末の段階だからです。

李所長の失業率推計は中国政府がGDPが前年同期比でマイナス6・8％となった、いわば最悪段階での失業率です。ところが、姚洋所長の失業率推計は前年同期比3・2％増という、中国の公式発表では完全にV字回復した後での失業率です。ここでもこの3・2％という数字が「前期比」ではなく、「前年同月比」であることにちょっと注目してほしいのです。

計算過程を示すのが大変なので結論だけ言いますと、もし前期比でこの時の経済成長率を算出すると、なんと年率換算で60％程度になっていないといけないことになります。年率換算にしなくても、12％以上の経済成長はしていないといけません。そんなV字回復した後のはずの失業率でも20％程度であり、一番落ち込んだ時と失業率が変わらないということになるわけです。

もちろん2人の失業率の推計手法には違いもあるでしょうし、そういう点での誤差も考えないといけないでしょうが、そうだとしても、これだけ大きな失業率が残されたままでは、V字回復などできないと思うのです。

ちなみにですが、中国の第2四半期は欧米でのコロナの感染拡大が広がった時期と重なっており、輸出関連の工場が相次いで操業の削減・停止に踏み切った時期でもあります。日本のゴールデンウィーク頃に、中国の人たちも帰省したなんてことがのんきなニュースになっていましたが、あれは好き好んで里帰りしたのではなく、工場閉鎖に伴って農民工が田舎に戻らざるをえなくなったという話なのです。3月終わりになってコロナが落ち着いたといって、せっかく田舎から上京したのに、すぐにUターンせざるをえなかったというのが実際です。

なお中国の公式統計が正しいとすると、第3四半期で中国は前期比で年率13%の経済成長をし、第4四半期に年率12%の経済成長を続けたことになりますから、それを前提に考えた場合に、20%だった失業率が14%ぐらいまで下がった程度であれば、一応は理解可能です。ところが、中国の統計では、現在の農民工の総数は2億8560万人で、前年に比べて517万人(1・8%)減っただけだということになっています。

さらに矛盾するのは、農民工の平均月収は前年比2・8%も増えて4072元だということになっています。農民工の月収を上げなければならないのに、農民工の数が減っているというのもおかしな話です。さらに、李克強首相が月収1090元以下が6億人もいるという話を暴露した後も、これのほぼ4倍の金額が農民工の平均月収だと平気で公表している矛盾もあります。

一人当たりの可処分所得の全国中央値は前年比で3・8%増加して2万7540元になったとしており、これは1カ月あたりだいたい2300元に相当します。ですが、李克強が示した表から推測すると、中央値は1200元から1300元の間に相当するはずで、GDP統計ではこれの約2倍の数値が使われていることになります。そして国民一人あたりの可処分所得は増えているのに、国民一人当たりの消費支出は2万1210元で、なぜか前年比で4・0％減少したという話になるのです。国民の消費は鈍っているのに、経済は力強い回復をし、前年に比べて2・3％も増えたとはどういうことなんでしょうか。

これだけ力強い経済回復をしているのであれば、ものはどんどん売れるようになるわけですから、生産者は当然価格を上げようとするはずです。ところが工場から出荷する際の値段がどう動いているかを示す「工業生産者出荷価格」は急上昇するどころか、前年比で1・8％も下落しているというのです。さらに驚きなのは、都市部で新たに生み出された雇用が1186万人となり、目標の900万人を30％以上上回ったことになっています。これが言っている意味がよくわからないのですが、コロナ禍で発生した失業者をすべて吸収した上で、さらに1200万人近くも雇用が生まれたということなのでしょうか。いったいどこでそんな雇用が生まれたのでしょうか。それとも7000万人増えた失業者に対して1186万人しか取り戻せなかったということなのでしょうか。それならば現実には合っているかもしれませんが、だったら経済成長はありえないですね。

すでにお腹いっぱいだと思うので、もうこれ以上は書きませんが、ここに示されるように根拠となっている数字が矛盾だらけなんです。まじめに検証したら「こんなものをどうやったら信用できるんだ！」と誰もが思うような数値になっているのです。

世間では「２０２８年にも中国のＧＤＰはアメリカを抜いて世界一になる」と報道されていますが、こんなフェイクのオンパレードを見逃して報道するのかと呆れるばかりです。

輸入統計とＧＤＰ――実はマイナス成長！

以上見たように、中国では公式の失業率からＧＤＰを推計することはできないようになっているのですが、では何を参考にすればＧＤＰの推計ができるのでしょうか。

ここで着目をしたいのは輸入の伸び率です。国内の需要が増えれば外国から輸入するものもそれだけ増えるという安定した関係があることは、容易に想像できるでしょう。

貿易統計には相手国があります。アメリカから見た中国への輸出統計の数字は、中国から見たアメリカからの輸入統計の数字と理論的には一致しないといけません。こうしたこともあって輸入統計はごまかしがしにくく、中国の統計であってもある程度の信頼を寄せることは可能なわけです。

もちろんこれで完璧な推計ができるというわけではありません。誤差は非常に大きく、あくまでも参考値にとどまるという前提はあります。ですが、ここから導かれる結果からかけ離れた経済成長をしているというのは、あり得ないと言えます。

ところで、中国の輸入額は2014年に1兆9592億ドルだったのですが、2015年に1兆6796億ドルになり、さらに2016年に1兆5879億ドルへと、2年連続で減少しました。2014年から2015年にかけてざっと14・3％輸入が減り、2016年にはそこからさらに5・5％輸入が減ったという計算になります。ここから判断すると2015年には経済成長率はマイナス4％程度、2016年はマイナス1・5％程度ではないかと一応は推計できます。GDPの成長率は輸入の増減の30％くらいの数値になると考えてくれればいいでしょう。

ですが中国は2015年に6・9％のプラス成長をし、さらに2016年も6・85％の経済成長をしたと公式には発表しています。この公式の数字がいかにあてにならないかは、もう皆さんはおわかりでしょう。

ところで中国のGDP統計の偽装はいつから始まっているのでしょうか。ピッツバーグ大学のトーマス・ロースキー教授は「中国GDP統計にどんな問題が発生しているか」という論文の中で、経済成長が7・8％あったとされている1998年にエネルギー消費額がマイナス6・4％と落ち込んでいることを指摘しています。エネルギー消費量が大きく減っていながら大きな経済成長をしているというのは、絶対にありえないですね。但しこの推計については中国側から統計のとり方が変わったことによる誤差だという説明がなされています。

もう一つ違う例を出しますと、北京航空航天大学の任若恩氏は、中国国家統計局が出しているインフレ率が実際とは違っていて、中国政府が前提としているインフレ率が実際とは違っていて、GDPが結果的に高く出ているのではないかという研究結果を発表しています。任若恩氏は1985年から1994年までの実質GDP成長率は公式の年平均9・8%ではなく、6・0%だったという結論を導きました。年率で3・8%も甘い統計を中国政府はやっていたということになります。

こうした例から考えられるのは、2013年くらいになってから統計にごまかしを入れるようになったというのとはかなり違うのではないかということです。はっきり言えば、建国以来ずっと行ってきたというのが、恐らく正しいのでしょう。こうなるともはや何を基準に正しいGDPを導けばいいのか、わからなくなります。

ただそれでも、統計偽装にもいろいろとレベルがあります。実は中国のGDPの統計は以前はかなり上下に大きく変動していたのです。ですが2013年頃からGDP統計の変動が極端に小さくなりました。

中国は貿易立国で、輸出も輸入も非常に大きい国です。こういう国は海外の状況の変化に大きく経済が揺さぶられることになります。つまりGDP統計の振れ幅は普通の国よりもずっと大きくなるはずです。こうした視点で見た場合に明らかにおかしな数値が並んでいることからすれば、この頃からGDP統計の作為のレベルが大きく変わったということが推測できます。

中国国家統計局のデータによれば、中国の輸入総額は2013年だと12兆1097億人民元、2019年だと14兆3162億人民元で、この間に元建てで見ると18％の輸入額の増加があります。

中国のインフレ率（物価上昇率）は年率2％程度なので、この6年間に物価は12％くらい高くなっていることになります。そうすると、物価上昇分を取り除いた輸入額の増加は6％程度ということになります。GDPの成長率が輸入額の増減の30％程度との想定で行けば、この6年間のGDP成長率は、合計で2％程度ということになり、平均的には年率0・5％程度の経済成長になっていることになります。

この数字を見てもとても信じられないという人は多いと思います。ですが、2015年と2016年がマイナス成長だったのではないかという推計が成り立つことは先にも書きましたし、2018年と2019年もマイナス成長であったのではないかということは向松祚教授が示唆しています。こうして見た場合に中国経済のトレンドがすでにほぼゼロ成長に近い水準に突入しているというのは、それほど大げさな見立てではないように思います。私はむしろこの0・5％成長というのはかなり上振れしている数値で、現実にはマイナス成長になっているのは確実だろうと思っています。本当の物価上昇率はもっと高いと思われるからです。

中高所得層の消費行動がどうかを見るのに、自動車の販売台数というのは一つの指標になります。これの2017年以降の変化はどうなっているかと言えば、2017年は2376万台だったのが、2018年は2235万台（前年比5・9％減）、2019年は2070万台（前年比7・4％減）、2020年は1929万台（前年比6・8％減）とどんどん落ちています。3年間の変化をトータルで見ると18・8％も販売台数が落ちていることになります。2020年はコロナ禍があった影響があることを考えるべきとの意見もあるでしょうが、コロナ対策でかなり大きな購入補助金を付けた販売促進策が取られたということもありますから、両方をバランスよく見るべきではないかと思います。

また一般消費者の消費動向を見るのに、スマホの販売台数が一つの指標になります。こちらも2017年は4・9億台だったのが、2018年は4・1億台（前年比15・7％減）、2019年は3・9億台（前年比6・0％減）、2020年は3・1億台（前年比20・8％減）とどんどん落ちています。３年間の変化をトータルで見ると37・３％も販売台数が落ちていることになります。こんな状態でありながら、毎年６％台の経済成長を続けてきたなんて、ありうると思いますか。

中国経済が現実にはすでにマイナス成長のトレンドに入っているのではないかとの私の見立ては粗いものではありますが、公式の経済成長率よりも遥かに現実に近いのではないでしょうか。

ちなみに公式数字ではこの間にＧＤＰはどのくらい伸びているのでしょうか。物価上昇分を取り除いた実質ＧＤＰは、２０１３年で59兆６３４５億人民元で、２０１９年で99兆４９２７億人民元で、ざっと67％増えていることになっています。実際にはこの間にＧＤＰが２％程度しか伸びていないとしたら、実際との落差は単純計算で65％にものぼっていることになります。仮にＧＤＰが平均年率マイナス１％であったとすれば、この落差は73％ということになります。

もう一度言いますが、中国の統計偽装は２０１３年よりも前からずっと続けられてきたものです。今回起点として考えた２０１３年の数字自体が正しいわけではありません。高橋洋一氏は「中国ＧＤＰの大嘘」の中で、中国のＧＤＰは実際には統計数値の１／３ではないかと推測しているのですが、こうしたことを考慮した場合に、この推測がながちおかしなものではないことがわかるかと思います。

正確な数字は中国の中枢にいるわけではない我々ではわからないでしょう。実質はせいぜい半分くらいで、すでに経済がなかなか伸びないような国になっているのが実際なのだと考えたほうが、現実を正確に見ていることになると、私は思っています。

第二章

崩壊した「外貨準備高世界一」

赤字の国ほど外貨準備が必要

外貨準備という言葉はよく耳にする言葉ですが、どういうものなのかをきちんと理解している人は少ないのではないかと思います。

正確な定義となるとちょっと面倒くさいので、少し簡単にしますが、外貨準備とは「自国の通貨の信用が失われるようなことが起こらないようにするために、いざという場合に備えて政府や中央銀行が保有している外貨のこと」だと考えてください。

日本の場合には日本政府（財務省）や日本銀行が、日本円がドルとの取引で不安定化しないように、アメリカの国債なんかを大量に保有していますが、これが外貨準備です。

仮に日本円が投機筋などによって急激に売り込まれたという事態を想定してみてください。この時に手持ちのドル資産を売り払い、そのドルで売り込まれた円をすべて買うことができれば、投機筋に打ち勝つことができますね。このようにいざという場合に通貨価値を安定化させるために用意しているお金が外貨準備です。

外貨準備というと、国外とのモノやサービスのやりとりでの黒字によって賄われていると思っている人も多いのですが、この話と外貨準備の話は単純に結びつけないほうがいいです。こうした収支は黒字の国も赤字の国もありますが、どんなに赤字の国でも外貨準備は持っているものです。むしろそういう赤字の国の方が投機筋に狙われやすいわけですから、外貨準備はなくてはならないとも言えます。

収支が赤字なのに、どうすれば外貨準備が持てるのかと不思議に思うかもしれません。この解決策は意外と単純で、実は借金をすれば済んでしまいます。一例ですが、韓国では「外国為替平衡基金債券」というドル建ての国債を発行して、外貨準備の一部を賄っていたりもします。中国政府も米ドル建ての国債を発行しています。発行した債券は償還期限を迎えるまでは返済する必要がありませんから、その間に不穏な動きがあっても対応できることになります。もちろん償還期限を迎えることもあるわけですが、その時にはまた借り換えをすればよいということになります。ですので外貨準備が多いというのは、必ずしも財務体質が良好であることを意味するものではありません。財務体質に問題があっても、多額の外貨準備を用意することは一応できるのです。

「世界一の外貨準備高」は幻想だった

さて、中国の外貨準備ですが、建前としては3兆2000億ドル程度を保有していて、圧倒的な世界一だとされています。ですがこの金額はあくまでも建前みたいなものでしかなく、実質的な外貨準備とは大幅に乖離しています。

中国は外貨準備の内訳を詳細には公開していないので、どういう構成になっているのかとか、本当にそれだけの金額があるのかさえ、よくはわからないのです。少なくとも実質的には、圧倒的な世界一を誇るような外貨準備ではないのは間違いないところです。というのは、中国の通貨である人民元を外貨に交換して持ち出すことには、すでに厳しい制限が付けられているからです。潤沢な準備があるならば、外貨への交換に厳しい制限を加える必要などないでしょう。

話はいきなり飛びますが、ドイツ銀行の経営があんまり思わしくないという話を聞いたことがある人も多いのではないかと思います。今は世間が思っているほど危険な銀行ではなくなっているとは思いますが、いろいろ問題を抱えた銀行であったのは間違いありません。ギリシャ国債を大量に持っていたことでギリシャが破綻した時に打撃があったとか、その後も新興国に多く貸し付けていたために新興国の経済危機によって危ない立場になったというのが、ドイツ銀行の問題の発端でした。いろいろとあくどいことをやっていたのがバレて訴訟の嵐になり、和解金の支払いだけでも結構な金額になったということもありました。例えば、アメリカのサブプライムローンの販売でも、実際よりもリスクが遥かに小さいように見せかけて販売していたとして、アメリカの司法省に72億ドル（8500億円）の罰金を支払わされました。他にもロシアのマネーロンダリングに絡んでいたり、ロンドンや東京の銀行間取引金利の不正操作に関わったり、韓国の株式指数の不正操作を行ったりといった具合で、いろんな訴訟が引き起こされました。こうした訴訟だけで数十件あったはずです。フォルクスワーゲンのディーゼル車がソフトウェアの不正操作で環境基準の達成をごまかしていたのがバレた大事件もありましたが、フォルクスワーゲンのメインバンクはドイツ銀行で、その負担も背負い込まなければならなくなりました。

こうした逆風が吹きすさぶ中で、ドイツ銀行は保有する中国の華夏銀行の株式を中国人民財産保険股份有限公司に売却しました。2015年12月の話です。ですが、この売却代金40億ドル分をユーロやドルに転換して国外に持ち出すことには、中国政府はなかなか応じませんでした。経営上の問題を抱えたドイツ銀行は不足する自己資本を充足させる必要があり、この売却代金を速やかに移動させたいと考えていました。そうした事情がドイツ銀行にあることは中国政府もよく理解していたはずです。にも関わらず、人民元の外貨への交換・持ち出しを中国政府はできる限り阻止しようとしたのです。

世界一の外貨準備として3兆ドル以上も保有しているのであれば、40億ドル程度の外貨の持ち出しなどわずか0・1％程度のことでしかないはずです。ところが現実の対応がここまで厳しいのは、実質的な外貨準備は決して潤沢ではないことを暗示していると考えられるわけです。

「そんなわけはない。中国は長年経常収支の黒字を続けてきて、相当な金額を溜め込んでいるはずだ」という意見もあるかと思います。確かにそう思うのは自然な話です。ですが、どうも溜め込んでいるはずのものが消えてなくなっているのが実際のようなのです。

さて、中国政府は2016年に「トービン税」というものの導入を検討していたことがあります。これは内々で検討していただけというのではなく、中国人民銀行（中国の中央銀行）の易綱副総裁が、「投機的な為替取引に対抗することを目的として現在研究段階にある」と正式に認めて公表したものです。この発表は中国側の意図としては、トービン税の導入をしたいと思いながら、これを公表したらどんな反応があるのかを観測気球を打ち上げて様子を見ようという目論見だったのでしょう。

トービン税というのは、人民元とドル・円・ユーロなどとを交換する時の取引に、ごくわずかとはいえ、税金を取るようにしたらどうかというものです。一国だけで導入するとその国を使わない金融取引に逃げる傾向が強まるので、やるなら世界同時に実施しないと難しいということもよく言われる税金ですが、中国は国内の人民元と外貨との取引にのみこのトービン税を導入して、人民元と外貨との交換をなるべくやらせないようにできないかと考えていたようです。結局具体案が明らかにならないままずっと時間が過ぎ去っていきました。恐らくボツになったと思われるのですが、これは世界各国、特にウォール街（アメリカの金融業界）からの反発が強かったからだと思われます。

中国政府・中国共産党と、ウォール街が代表するアメリカのエスタブリッシュメント層が非常に強い関係を築いてきたことは、中国人民大学の翟東昇教授が2020年11月に行った講演の中であまりにもあけすけに語っています。要約すると、「中国の上層部とウォール街などのアメリカのエスタブリッシュメントとは数十年にわたって深い関係を築いてきたから、アメリカと中国との間に様々な問題が持ち上がっても、彼らを通じて問題解決を図ることができた。だが、トランプ政権になってからはウォール街のチャンネルが使えなくなった。そして今回いろんな働きかけをしてバイデン政権を誕生させたのだ」といったことを話しています。

ウォール街からすれば、人民元とドルとの交換の際に税金がかかるなどというのは、断じて許せないことでしょう。「トービン税の導入をやるというのは我々の間の信頼関係を突き崩すことになるが、それでもいいのか」と、中国との太いパイプを通じてウォール街は中国側に迫ったのではないかと、勝手ながら想像しています。その結果、これだけ反発が強いようなら導入は見送るしかないかなと、中国側は判断したと思われます。

それでもこのトービン税導入構想を中国政府が真剣に考えていたというのは、「圧倒的な世界一」で完全に余裕があるはずの外貨準備に対して、本音ではかなりの危機感を感じていることの間接的な証拠になっているでしょう。

さらに不思議なのは、中国の公式の外貨準備高は2014年6月の3・99兆ドルを頂点にして下落トレンドに入り、2017年の初めには3兆ドルを切るところまで下がりましたが、ここで下落トレンドに終止符を打ち、その後は概ね3・2兆ドルの水準で維持していることです。確かに2017年から中国の外貨規制は格段に厳しくなりました。そのことを単純に反映しているだけだとする見方もわからないではありません。ですが、もしそうであるなら、2020年には外貨準備高は急増していいのではないかと思うのですが、そうはなっていないのです。

2020年という年は新型コロナウイルス感染症の世界的な蔓延があり、経済に対してもとてつもない影響をもたらしました。モノやサービスのやり取りの結果を表す「経常収支」という重要指標がありますが、中国の国外の工場の稼働率がコロナ禍のせいで落ち、中国からの輸出に世界が頼る割合が増えたことで、中国の経常収支は久々に大幅な黒字となりました。コロナ禍でのマスクなどの衛生物資や医薬品の出荷、また在宅勤務の巣籠《すご》もり需要で中国製のパソコンなどの出荷が大きく伸びたことが指摘されています。2020

年は3100億ドルの経常収支の黒字で世界最大になっています。さらに海外旅行に出ていた中国人が全然海外に出ていくことができなくなり、従って爆買いも止まりました。ということは、外貨準備は勝手に増えていくのが当たり前のところです。ですがなぜかほとんど変化がないのです。

ここをどう解釈していいのかは、正確にはわかりません。2019年まで真の外貨準備はどんどん減っていたので、2020年に増加に転じたとしても、今までの穴を埋めただけだから、公式には増加した形にはしなかったのかもしれません。あるいは2020年のように外貨準備が勝手に増えそうに思えるような環境でも、実際の外貨準備が増えないくらいに裏では外貨の流出が続いているということなのかもしれません。いずれにせよ、2020年に公式の外貨準備高に変化がほとんどなかったということは、2017年から2019年の外貨準備高についての公式の統計が絶対におかしいことだけは間違いなく示しています。

とどまらない外貨流出

国際収支統計には「誤差脱漏」と呼ばれるものがあります。様々な収支を計算した結果として、どうしても数字上合わないものが出てきます。この計算上合わない金額が「誤差脱漏」です。

どんな国でもこうした誤差脱漏は発生しますが、もともと例外的なものですから、その金額は比較的小さいのが普通です。国際通貨基金（ＩＭＦ）は誤差脱漏の絶対額が輸出入総額の５％を超えることは不正常であるとみなしています。ところが中国になると、この誤差脱漏はかなり巨額です。２０１８年を唯一の例外として、２０１５年以降は毎年この５％基準を突破しており、ウォール・ストリート・ジャーナルは２０１９年の上半期の中国の誤差脱漏が１３１０億ドル（14兆円）に達したことを報じています。

この誤差脱漏にはもちろんいろんな要因があるのは事実ですが、中国の場合にはその大半は正規の手段を使わないで行われている資本流出であるのは間違いないでしょう。つまり、密かに人民元を外貨に交換して外に持ち出しているのです。

中国で経常収支の黒字が増えていったのは２００８年までのことで、それ以降は全体的には減少トレンドに入っています。２０１８年には年間で２５５億ドルにまで減少しました。経常収支の黒字を溜め込んでいても、年間で２０００億ドルを超えるような資本流出が毎年続けば、そんなものはどんどん消えていくのは理解できるでしょう。

さらに、中国の経常収支が赤字に転落するのはそんなに遠いことではないと見られていて、モルガン・スタンレーの推計では2030年にはGDP比で1・6%くらいにまで中国の経常収支の赤字幅が拡大するのではないかということになっています。現在公式のGDPのデータでは中国のGDPは100兆元（15兆ドル）だとされていて、モルガン・スタンレーの推計もこうした公式のデータを前提に弾いているはずです。ですから、仮に2030年のGDPの水準が現在と変わらないという前提で計算しても、2400億ドルの経常収支の赤字になってしまうわけです。こうした将来像を見据えた場合に、中国政府が外貨の流出に神経を尖らせている理由がはっきりとわかるのではないでしょうか。

ですから、外国への資金の持ち出しが大変なのは、決してドイツ銀行だけではありません。一般企業や個人でも外部に資金を持ち出すのは実に大変なのです。そもそも中国国内の銀行で多額の人民元の引き出しを行う場合にも『現金引き出し料』が要求されるようになりました。外貨でない人民元の引き出しにまで制限を加えているのは、現金の人民元を引き出しさえすれば、いろんな手段で外貨に交換する道が開かれるからです。

中国には「黄牛」と呼ばれるダフ屋さんがあるのですが、ここが両替商も行っています。ダフ屋さんなので交換レートはよくないのですが、ここを使うというやり方があります。

黄牛がどうやってドルを集めているのかですが、いろんな手口が考えられます。例えば輸出業者が絡む手口です。本当の輸出額は10万ドルだったのに、輸出額は8万ドルだったというウソの申告をします。中国の銀行に入ってくるのは8万ドルですが、残りの2万ドルを香港に設立した別会社の口座に入金させるようにします。こうすると輸出業者は建前上は儲けが少ないように見せかけることができ、「節税」もできますよね。そして残りの2万ドルを外貨のまま現金にして、香港から中国本土に持ち込みます。そしてこれを黄牛に売れば、正規の交換レートよりもずっと高い交換レートで人民元に替えることができます。輸出企業はここでもさらに利益をふくらませることができます。黄牛はこうして入手した外貨をもっと儲かるレートで外貨を求める人たちに売るというわけです。

ですので銀行から多額の人民元を引き出すことさえできれば、それを「黄牛」に持ち込んで日本円や米ドルなどに交換し、それを密かに持ち出すということが可能になります。人民元の札束を体にくくりつけて香港まで出て、それから外貨に交換するといったことも行われており、中にはそんな運び屋の仕事もあるようです。税関の目をかいくぐるために、箱入りの本を用意して、本の代わりに紙幣を箱に積み込んで持ち帰ったなどという話もあったりします。

輸入業者が輸入代金の支払いにかこつけて、外貨を海外に溜め込もうということもよくやる話です。例えば実際の輸入代金が100万ドルだった時に、110万ドルだったことにしてくれと相手企業に頼みます。それで110万ドルを支払っておいて、10万ドル分は海外に設立した別企業の口座に入れてもらうようにするというわけです。自由に動かせない人民元という通貨から離脱したくて、皆さん必死なんですね。

中国政府は建前としては年間で1人5万ドル相当までは外貨への交換ができるとしているのですが、こうした建前よりも現実ははるかに厳しくなっているようです。中国の銀行の中国内の支店から日本国内の支店にまとまったお金を送金しようとしても、送金理由を詳しく尋ねられ、送金が絶対に必要だと認められない限りはできないようになっているという話もあります。ジャーナリストの姫田小夏氏は、この一例として、中国人の妻と日本人の夫のカップルの話をダイヤモンド・オンラインに挙げていました。中国人妻が日本に送金しようとしたところ、銀行側から送金理由を尋ねられました。そこで教育費だと中国人妻が答えたところ、夫が無職で収入がない証明を出すように求められたそうです。合法的な範囲内のお金であっても、送金や外貨交換が簡単に行えるということは現実にはないわけです。

このように正規のルートではどんどん規制が厳しくなっているのは事実ですが、中国のことですから、お金さえあれば解決できてしまうことも実は多いのです。つまり賄賂を渡して黙認してもらうというやり方です。あるいは有力者から圧力を掛けてもらって無理を利かせるということも、中国社会では当然可能です。というわけで、規制を厳しくしながらも、どうしてもザルになってしまうところがあります。

ともあれそれでもどんどん規制が厳しくなっている背景には、建前とは裏腹に現実としては、中国の外貨準備が実はかなりヤバい段階に入ってきているという事情が大きく関係するわけです。

これをまた別の観点から見てみましょう。日本の外貨準備は財務省や日銀が保有している分しかカウントされていません。外貨準備というものの性質上これらの保有分に限定されるのは当然だとも言えます。ところが中国ではこうした枠組みがどうもはっきりしていないのです。

日本では、例えば三菱ＵＦＪ銀行が輸出入の取引でドルを手元に置いておいたとしても、必要がなければそのまま持ち続ければよく、いちいち日本銀行にそのドルを預けなければならないなんてことはないですよね。ですが、中国の場合には市中の銀行が輸入代金として預かったドルは中国の中央銀行である中国人民銀行に預け入れることが半ば義務付けられていると言ってもいいような状態です。このため、中国が発表する外貨準備にはこうした日常の取引に関わる外貨が普通に含まれていると考えたほうがいいのです。

日本では年金積立金の運用はＧＰＩＦ（年金積立金管理運用行政法人）と呼ばれる機関が行っており、ここでも米国債などの運用も行っていますが、ここで保有する米国債は外貨準備として所持している米国債とは明らかに区別されています。こういう区別が中国においても当然なされているだろうと考えることは危険でしょう。中国政府が1兆ドル程度の米国債を保持しているのはアメリカの財務省の資料からも確かなのですが、これが全部外貨準備として扱えるお金とみなしてよいのかといえば、疑問です。

中国に対しては、発展途上国に向けての貸付金も外貨準備の金額に組み入れられているのではないかといった疑惑まで持たれている状態です。当然ながらそんな貸付金は外国に貸しているわけですから、手元にはお金はありません。そういう貸し付けている債権だって場合によっては売り払うこともできるといえばそうですが、そんなものはすぐに現金に変えられるあてのないものです。ですので突然投機筋に売り込まれた時に対応するための外貨準備に組み込むことなど本来適していないものなのです。あくまでも疑惑なので証拠がちゃんとあるというわけではないですが、そんな疑いを向けられるほど、中国の外貨準備には信頼がありません。

さらに言えば、中国企業がドル建て社債を発行した場合のドル資金についても、中国人民銀行は半ば強制的に吸い上げるようにしているようです。

日経新聞によれば、中国の四大国有銀行が抱えるドル建て債務は2019年末の段階で1兆1000億ドル（115兆円）あるとされていますが、これがそのまま外貨準備にあてられていることすらありうるわけです。とすれば、中国政府が持っているとされる1兆ドル程度の米国債はすべてこうした資金によって賄《まかな》われているのかもしれません。しかも中国の国有銀行が抱えるドル建ての債務は、何も四大銀行に限られるはずもありません。中国の外貨準備で最も信頼が置ける米国債の金額よりも、中国が資金調達している米ドル建ての債務のほうが、実は額がずっと大きいのは確実なのです。

こうしたことを見ていった場合に、同じ「外貨準備」という言葉は使っていても、日本などの外貨準備とは全く性質が違っていて、日本と中国を単純に比べて中国の方がずっと外貨準備が多くてすごいなんて話にはならないのは、わかってもらえたのではないかと思います。

お金を動かすことに対してすさまじい規制が加えられていることを見れば、見せかけとは違って中国の真の外貨準備はかなり細っており、中国政府がここにかなり危機感を持っているのは間違いないでしょう。

ところで、IMF加盟国にはSDR（特別引き出し権）と呼ばれる、一種の仮想通貨が割り当てられているのはご存知でしょうか。仮想通貨なのに「特別引き出し権」という名前なのもわかりにくさを増やす原因になっていますね。SDRはドル、ユーロ、円などの世界の主要通貨を一定の比率でまとめたもので、手持ちのSDRを手放すと、それに応じたドル、ユーロ、円などがもらえる仕組みになっています。このSDRの構成通貨は以前は米ドル、ユーロ、日本円、英ポンドの4つでしたが、2016年の10月には中国の人民元が構成通貨の仲間入りをしました。これで人民元は国際的な通貨入りのお墨付きを受けたともいえます。

ただ、SDRの仲間入りをするということは、その通貨の外貨との自由な交換性が保証されていないと、本来はおかしいはずですよね。外貨との自由な交換ができない人民元では、国際通貨としては困るからです。そこで人民元をSDRの構成通貨に組み入れるために、中国は数年以内に人民元と外貨との自由な交換を認めるようにするという約束をしました。ところが、外貨との自由な交換を押し広げるどころか、むしろ外貨との自由な交換に対する制限を格段に強めました。人民元のSDR構成通貨入りという目的を達成できたら、その際にした約束など中国には守る気はさらさらないのです。そして彼らはそれを守ることは絶対にできません。そんなことをしたら中国が崩壊してしまうからです（これはまた後に詳しく説明します）。

ちなみに国際通貨基金（IMF）は外貨準備の対輸出額、対短期債務残高、対マネーサプライ、対その他負債残高（長期負債残高）という4つのデータをもとに、新興国の外貨準備の適正水準を割り出すことをしています。国外で思いがけないことがあって急激に輸出が減ることがありえるので、そうした輸出の急減があっても耐えられるのか（対輸出額）、支払期限の近い短期債務を払えるだけの返済能力があるのか（対短期債務残高）、国内にあるお金が外国に急に逃げようとした場合に耐えられる力があるのか（対マネーサプライ）、外国から国内に対して行われている長期の証券投資であっても、何らかのきっかけで急に売り払って国外に引き上げるような事態が生じても耐える力があるのか（対その他負債残高）という観点に基づいて算出する形になっています。具体的には「輸出額×10％＋マネーサプライ×10％＋短期債務×30％＋その他債務×20％」という計算式で出します。これに基づいても中国の外貨準備は実はカツカツの水準なのです。２０１７年末以降、中国の外貨準備高はＩＭＦの算出する適正水準を下回ってさえいます。なお、細かいことを言えば、ＩＭＦはこれとは別の基準として各項目別に見た場合の適正水準も公表しているのですが、こちらについても中国は必ずしも守れていない状態にあります。中国の特殊な外貨準備の捉え方からすれば、むしろ中国の外貨準備は必要な水準を全く満たしていないのが実際であると見るべきでしょう。

ところでいっとき、中国人による爆買いが流行りましたね。中国にはニセモノが氾濫していて値段も高いのに対して、日本では本物の高品質な商品が安く買えるからということで、訪日客が増えました。彼らが普通の個人では絶対に買わないくらいの量のものを買っていたのは、確かな製品を安価に買ってきてもらえるということで、親戚や友人からもいろんなものを頼まれていた側面もあるようです。

これを苦々しく思っていた中国政府は、爆買いは輸入業と同じだという理屈で規制を厳しくしていきましたが、ここにも中国政府の外貨流出への強い警戒感が出ていたとも言えます。

実はこの点で、新型コロナウイルス感染症の流行から中国人の海外渡航が厳しく制限されたのは、中国政府には「ラッキー」でした。爆買いがなくなり、外貨枯渇の延命になったからです。旅行収支の赤字は実は年間で2000億ドルほどにもなっていました。「外貨準備世界一」を打ち出していた手前、中国共産党としては海外旅行の制限は言い出しにくいところもあったのでしょうが、こんな形である意味「自然」に制限ができたのはラッキーでした。ですからこの感染症の流行が収まった後にも中国人の海外渡航については、何かと理由をつけては制限緩和を遅らせるようにすると思います。

このように、外貨の枯渇が見えてきている中国に進出するというのは、日本企業にとってどうなんでしょうか。経済成長が止まっていて、人口も減少トレンドに入り、今や中国はなかなか儲けやすい環境にないということもありますが、仮にうまく儲けられたとしても、その利益を日本に持って帰るのは至難の業です。外貨枯渇の懸念が強まる中で、外貨規制が今後強まることはあっても、弱まることは期待できないでしょう。そういうリスクを念頭に置いた上で中国でのビジネスを考えないといけないのです。

国際金融のトリレンマ

ところで、国際金融の世界では「国際金融のトリレンマ」と呼ばれる有名な原理があります。①自由な資本移動と②為替相場の安定と③独立した金融政策の3つ全部を同時に成り立たせることはできないという原理です。随分と難しくてよくわからないと思いますので、簡単に説明しますね。

「自由な資本移動」というのは、「人民元建てのお金をドル建てのお金に自由に交換できる」という意味で「外貨との自由な交換ができること」だと理解すればいいです。

「為替相場の安定」というのは「外貨との交換比率の変動が小さい」という意味です。1ドル何円かというのが毎日報道されていますが、その報道で「外国為替市場」という言葉がよく出てきますよね。あの「外国為替市場での取引価格の安定」が「為替相場の安定」で、それは「外貨との交換比率の安定」のことです。

「独立した金融政策」というのは、「自国の経済環境に合わせた金利の上げ下げができる」

という意味です。不景気なら金利を下げて企業の金利負担を小さくし、景気が加熱しているなら金利を上げて企業の金利負担を重くするというのがあるべきコントロールですが、これが理想通りにできるということです。この3つを同時に成り立たせることは、特殊な状況でないとできないようになっているというのが、「国際金融のトリレンマ」です。

例えば、自国通貨と外貨との交換が自由に行えるような状態にしておきながら、「1ドル＝7元」といった交換比率を維持しようとしたら、金利は自由に決めることはできなくなるはずです。ドルを元に変えたい動きと元をドルに変えたい動きをバランスさせながら、そのどちらの動きも自由にさせてよいということになると、そのバランス上に金利を持ってこないといけなくなります。

例えば人民元が売られやすい傾向にあるのであれば、人民元の金利を高く設定しておかないといけなくなります。普通にしていたら人民元はどんどん売られて値段が下がってしまいます。ですから、人民元の金利がドルの金利よりもずっと有利で、ドルで持っているよりも人民元で持っている方が金利がたくさんついて有利だなと思う人が増えるようにしないと、バランスが取れなくなります。それは中国国内の景気がいいか悪いかとは全く無関係ですね。仮にどんなに景気が悪くても人民元の金利を高めにしておかないと、人民元はどんどん売られることになります。つまり中国経済の状況に合わせる形で金利を上下させることができないことになります。こんな感じで、この3つを同時に成り立たせることはできないようになっているというのが「国際金融のトリレンマ」です。

現在中国の人民元は米ドルに対して管理変動相場制というものが採用されています。管理変動相場制というのは、一応固定相場制ではあるけれども、中央銀行が上下の変動幅を認めて、その枠内なら変動相場を認めるものだとよく説明されています。その理解が完全に間違っているわけではないですが、実はもっと大切なポイントがあります。管理変動相場制は、どの値を中心にして変動幅を設定するかについて、毎日変えても構わないというような制度です。実際、2015年には中国は3日連続して人民元の価値の切り下げをやったこともあります。中国がこの管理変動相場制を採用しているのは、この制度が投機筋からの攻撃に最も強く対抗しやすいからです。固定相場制だと攻撃されやすいのです。

例えば1ドル7元で固定されていれば、大量の元を売ってドルを買った結果としてこの固定相場を売り崩すことができれば、投機筋には膨大な利益が生まれます。売っている人民元の価値が下がって、買っているドルの価値が上がれば、その差額は全部利益になりますね。

では売り崩しに失敗した場合はどうでしょうか。人民元を売りすぎるくらいに売ったとしても、売り崩すことができなかったら、売りすぎた人民元を買い戻せばいいですね。1

ドル7元で固定されたままですから、失敗してもダメージがないのです。

ところが管理変動相場制の場合には、売り崩そうとする勢力に対抗することができます。人民元を売り崩す動きに出てきたら、逆に手持ちのドルをそれを上回る規模で売りに出し、逆に人民元の価格が上がるように操作することもできるからです。人民元を売ってドルを買っていたら、売った人民元の価値が上がって買ったドルの価値が下がってしまうことがあるわけです。こうなると投機筋は大損をしますから、怖くて人民元の売り崩しは仕掛けにくくなります。これが中国が管理変動相場制を採用している理由だと考えるべきです。

ともかく、中国は人民元の暴落を恐れています。人民元が暴落すると輸入品の価格が暴騰します。そうすると国内の物価も跳ね上がります。給料は変わらないのに物価が跳ね上がれば、人々は不満を抱きます。共産党に従っていけば生活は豊かになると信じていたから我慢してきたのに、逆に生活がものすごく苦しくなったということになると、体制の危機になりかねません。

また、もし自由な外貨との交換ができるのであれば、国内に持っている不動産を売って海外の不動産などに乗り換える動きが一気に起こるはずです。後ほど詳しく解説しますが、中国国内の不動産は投資物件としては魅力の薄いものであり、明らかに海外の物件のほうが魅力的なのです。そうすると自由な外貨交換を認めることはバブルの崩壊を誘発することになります。そんな事態だけは中国は絶対に避けなければなりません。ですから中国は「自由な資本移動」＝「自由な外貨との交換」を認めることができないのです。

中国は為替相場の安定を捨てるわけにはいかないので、外貨との交換にいろいろと制限を加えたり、本当は引き下げたい金利を割と高めに設定したりしています。中国は本当はほぼゼロ成長かマイナス成長なのではないかというのはすでに確認しましたが、そこまで景気が悪いのであれば、金利はもっと引き下げたほうがいいはずです。10％の経済成長率になっているなら、5％くらいの金利はどうってことはないでしょうが、せいぜい1％程度の経済成長だとしたら、5％以上の金利は想像を超える負担になるはずです。ところが中国はまさに今こんな状態にあるのです。

欧米や日本が今ゼロ金利と呼ばれる非常に低い金利水準になっていることはよく知られています。不況で苦しんでいる企業を救うためには、金利水準は低いほうが好ましいです。ですが、中国は欧米や日本に倣ってそんな水準に金利を落としたら、外貨への交換圧力がものすごく高くなります。それを防ぐためには、人民元の金利をある程度の高さにしておかないわけにはいきません。

2020年の12月の段階で、中国の国債の金利は3％程度です。企業向けの貸付は恵まれている企業でも5％程度で、もっと高いことも多いです。この状態は債務で苦しんでいる企業にはかなり大きな負担になっているのですが、中国には金利をどんどん引き下げるわけにはいかない事情があるわけです。

債務負担に苦しんでいる企業を助けることと自国通貨価値を維持することが両立させられない中で、中国は自国通貨価値を維持する方を優先させ、債務に苦しむ企業の負担に目をつむる政策を採用しています。この状態で中国企業が苦境から脱出するのはなかなか難しいといわざるをえないのです。

第三章

債務危機のリアル

金融システム破綻のプレリュード

中国は金融絡みの怪しい話が実に盛り上がりやすいお国柄のようです。中国では自分が頑張って働いて生活を向上させていこうという意識は弱いようで、資産をうまく増やして楽して儲けようという発想の人が非常に多いという印象があります。

2020年7月に「テンセント・フィナンシャル・レポート──『新型コロナ』後、8割近い国民の収入が減少、投資財テク傾向は堅調──」という世論調査結果が発表されました。この調査によって新型コロナ感染症の蔓延で8割近くの中国人の収入が減少しており、このため29・5％の人が消費を減らして貯蓄すると回答しました。また52・9％の人が新たな収入を増やすための道を模索するとし、その方策としてその78％にあたる人たち（全体の41・3％の人たち）が財テクをすると答えたのです。つまり、収入が減って苦しくなったから、生活水準を低めてでも何とか貯金をして、そのお金を財テクに回して補おうというのが、中国の人たちにはかなり強い発想だということになります。「余裕資金なんてないから、財テクなんてとても無理」という発想が常識的なものかと思いきや、どうもそうではないようです。

どの国においても資産をうまく増やして楽して儲けようという人は必ずいますし、それが悪いということでもありません。ただ、そういうことを求める人たちの比率が大きすぎる社会というのは、経済の安定性が弱い構造を持っているのではないかと私は思うのです。

中国では一時期Ｐ２Ｐ金融というものが大きな広がりを見せました。Ｐ２Ｐ金融とは、資金を必要としている人と余剰資金をうまく運用したい人を仲介会社を通じて結びつける仕組みです。Ｐ２Ｐ金融のＰ２Ｐとは〝Ｐｅｅｒ ｔｏ Ｐｅｅｒ〟という意味で、インターネット上の不特定の個人（Ｐｅｅｒ）同士を結びつけるというような意味合いです。Ｐ２Ｐ金融はインターネットで完結するために、コストが節約できます。仲介会社は信用審査機構に借り手に問題はないかを問い合わせ、大丈夫だということになると貸してくれる人を探すというのが一応の流れです。信用審査機構が本当に信用できたのか、また信用審査機構に対して本当に問い合わせをしていたのかなどの問題もありながら、このあたりに目をつぶっていたのが中国政府です。

中国政府のやり方は変わっていて、これを放置すれば大問題になると予測できるようなことでも、敢えて放置するということをよくやるのですが、このＰ２Ｐ金融でもそういうやり方を採用しました。「なんでもあり」のメチャクチャな状況を一旦許容することでそこで多様な動きを作り出します。大半はクズなんでしょうが、そんな中で「これはいいんじゃないか」という仕組みが出てくることもあります。それを拾い上げてからクズを潰せばいいと本気で考えているのかどうかはわからないですが、中国政府の初動対応が悪いというのが中国社会に一種の活力をもたらしている側面もあるというのは、時々指摘されていることでもあります。日本では許されない発想ですね。

Ｐ２Ｐ金融はイギリスのＺｏｐａという会社が２００５年に始めたのが始まりで、その後アメリカやヨーロッパ大陸にも広がっていきました。銀行から融資を受けたくてもなかなか受けられない人が、高い利息を払ってでもお金を借りたいと申し込みをし、貸す側も銀行金利をはるかに上回る利息が手に入るならいいなということで発達してきた金融です。日本でも開始した企業もあるのですが、文化の違いもあってあまり普及しない状態になっています。

中国では２００７年からＰ２Ｐ金融の営業が始まったのですが、爆発的な広がりを見せ始めたのは２０１２年からです。仲介する業者は本来は仲を取り持つだけのはずですが、できもしない元本保証を業者が謳ったりする中で人気を集めていきました。

中国以外のところで発達したＰ２Ｐ金融は元本保証を付けたりとかはせずに、情報仲介しか行いません。つまり、「借り手はこんな事業を考えていて、それにはこれだけの資金が必要で、借入期間は○カ月で、金利は○％で、担保物件としてはこんなものがあるのだが、これでお金を貸していいと思う人は連絡して」みたいな情報だけを流すわけです。実際にはもっと詳しい情報を流すと思っていてください。ともかくそうすると貸し手はそれを見て、この人にお金を貸していいのかどうかを自分で判断することになります。もし返済不能みたいな事態になっても、それは貸し手の自己責任になり、仲介したＰ２Ｐ金融業者は責任を一切負わないという仕組みです。ちなみに担保物件は必須なのではなく、無担保のものもあります。そういうことも関係して、金利もまちまちになるというイメージです。これであれば情報仲介会社であるＰ２Ｐ金融業者は、借り手が返済不能のような事態に陥ったとしても、経営的に大きな打撃を受けることはありません。そういう返済不能になった事例についても透明性のある形で情報開示を行うことで、貸し手側が過大な期待を持たずに自己責任で貸し出しを行うように促してきました。その中で派手さはないのだけれども、確かな金融の一形態として発達してきたという流れがあります。

ですが中国ではＰ２Ｐ金融業者が元本保証を打ち出すところも出てきて、単なる情報仲介にとどまらないことになってきました。さらに自分の事業で足りないお金を集めるのに、Ｐ２Ｐ金融業者を別企業として立ち上げるなどという不届き者もいたりしたわけです。中国政府の規制がないのをいいことに、こうした悪徳業者も広がっていました。

Ｐ２Ｐ金融業者は一時期、中国全土で５０００社ほどに達し、融資額も最盛期には１・

5兆元（24兆円）に上りました。これは我が国で言えば都市銀行のりそな銀行の融資額よりも大きいですから、結構大きい資金量になります。

平均利率はもともと20％程度だったのですが、中には50％を超えるようなものまでありました。P2P金融が広がるにつれて、運用したい人の増え方が借りたい人の増え方よりもずっと大きかったこともあり、平均利率は徐々に低下し、10％くらいまで下がっていきました。貸し手に比べて借り手が不足しているわけですから、P2P金融は借り手探しに熱中しますよね。借り手さえ集めれば、貸し手は山のようにいるので、どんどん商売を拡大できます。そうなるといい加減な借り手がどんどん現れ、まともな審査もしないで貸し出すようなことが増えていくのは必然だったともいえます。

10％の金利ってとっても魅力的ですよね。銀行預金では大した利息がつかないわけですから、金利が下がっていっても多くの人がP2P金融に群がったわけです。ですが、こんな高金利を支払えるような事業がそうそうあるわけではないですし、よほどしっかりした業者選びをしない限りは、リスクとリターンの関係を考えれば、手を出すべきではないという常識的な判断を持つべきだったと思います。いくら口先だけで元本保証を謳っていたとしても、そんなものはいざという時に何の役にも立たないですよね。

ただ中国では銀行は大きな企業しかほとんど相手にせず、個人や中小企業にはなかなかお金を貸してくれないという実情もありました。個人がお金を借りる場合には親・兄弟や親類縁者からが多く、友人から借りることもありますが、金融機関からの借入は中国ではあまりありません。最近は少し手段も増えていますが、以前はそういう道はなかったのです。そうした中でこのＰ２Ｐ金融は中小企業の資金繰りに貢献できる部分もあります。また、地方政府のプロジェクト用の銀行融資に対する中央政府の規制が厳しくなる中で、規制を逃れるためにＰ２Ｐ金融を迂回して資金を調達するということも行われました。

当局の規制がゆるい中で、そもそも最初からＰ２Ｐ金融をまじめにやるつもりもなく開業している者も多くいました。例えば鈺城集団という会社が行った「ｅ租宝」という金融商品を使った投資詐欺は有名です。鈺城集団は国営放送局に「ｅ租宝」の広告を出すことで、政府がバックに付いていると投資家に勘違いさせ、集めたお金を湯水のごとくに散財していたのです。投資案件として掲載されていたもののうち95％は架空の事業で、「ｅ租宝」が行っていたのは単なるネズミ講であり、新たな資金を集めては以前の資金の返済に充てていただけだというのがバレてしまいました。これはかなりの衝撃を与えました。「ｅ租宝」の被害を受けたのは約91万人で、５００億元（８０００億円）が失われたと言われています。日本の小さめの地方銀行１つの預金が丸々蒸発したくらいの話です。

中国の金融当局がＰ２Ｐ金融に対して規制を設け始めたのは２０１５年の後半になって

からです。その詳細は省きますが、最終的には2019年の11月にはP2P金融会社は2年以内に5000万元以上の資本要件を満たす小規模融資提供会社に事業変更しなければならないとの通達が出されて、事実上P2P金融は禁止となり、現在では3社のみです。

P2P金融の破綻による被害総額ははっきりとはわかりませんが、日本円で20兆円以上であるのは確実視されています。つまりこれだけ人々のお金が消えたことになります。仮に被害額がちょうど20兆円だったとしても、20兆円の大増税を行ったに等しいくらいに経済に対して大きなインパクトを与えているはずです。にも関わらず、こんな影響などまるでなかったように、公式統計上は中国の経済成長が続いていることになっています。

私はこの中国のP2P金融の完全破綻は、中国の金融システム破綻のプレリュード（前奏曲）として位置づけられると思っています。実際これ以降、中国の金融がどんどんとおかしな様相を呈するようになっています。それをこれから見ていこうと思います。

隠せなくなった地方政府の巨大赤字

中国の財政状況を簡単に見てみましょう。

1994年に中国では「分税制改革」と呼ばれる税制改革が行われました。分税制改革と呼ばれるのは、税金の種類ごとに中央政府向けの税金か地方政府向けの税金かを明確に区分していったからです。これと同時に中央政府の支出項目と地方政府の支出項目もしっかりと区別を付けました。この税制改革でもっとも注目すべきところは、この結果地方政府の収入がガタンと減り、中央政府の収入がその分増える結果をもたらしたところです。途中から日本の地方交付税交付金のように、貧しい地方にはある程度の補助が中央政府から出るような仕組みも作られましたが、当初はそういう制度すらありませんでした。

こんな状態にもかかわらず、地方政府が地方債を発行してお金を調達することは、原則的に禁止され、均衡財政が謳われました。ですから、地方財政は一気に苦しくなりました。

この地方政府の財政の救世主となったのが、土地の使用権の売却益です。中国では土地の私有は認められておらず、例えば一戸建てを買ったとしても、その土地は建前としては国のものです。土地の使用権には認められる年限が70年といった制限が一応あります。「一応」と書いたのは、期限後も認めるような処置が行われていたりもするからですが、まだ最終的にこれをどう扱うかは決まっていないようです。

それはともかく、地方政府は不動産開発業者などに土地の使用権を販売し、これを財源に充ててきました。不動産開発業者はそこにマンションなどを建て、販売していきました。こうしたマンションの価格は上がることはあっても下がることはないと信じられ、投機的な資産となったのです。

２００8年にリーマンショックが起こり、経済的なショックは全世界に波及しました。この時に中国政府はこのショックを吸収するために4兆元（60兆円）の財政出動を行うと宣言して、世界の度肝を抜きました。この超大型の財政出動はリーマンショックの衝撃を和らげるものとして、世界中から歓迎されました。

ただ4兆元という大風呂敷を実行に移すにはどうすればいいかは悩ましいところでした。中国の中央政府は地方政府に財政出動するように圧力を掛けたものの、財源を地方政府に渡してくれるということはなかったからです。当時は地方債の発行は禁止されており、地方政府は均衡財政を守らなければならないのですから、相当無茶なことです。この時に中国の地方政府は「融資平台」と呼ばれる投資会社を設立し、不動産を担保にして資金を借り入れ、様々な不動産プロジェクトなどに資金を投じるということを行って、この問題を解決しました。

この融資平台は地方政府が設立した企業であり、建前としては地方政府そのものとは別の存在です。したがって融資平台が借金をいくら膨らませても、建前上は地方政府本体の借金が膨らむわけではありません。そもそも中央政府は4兆元の財政出動を行うとしながら、その財源を用意したわけでもないですから、地方政府がこうした抜け穴を作って中央政府の期待に応えたとしても、文句の言える義理でもなかったということになります。ただし、ここまでの話はやや建前に近い話です。

どうやらこういうやり方ができるように当時の胡錦濤政権が制度的に整えていたのが本当のところのようです。当時の温家宝首相は土地使用権を売りに出した時に入るお金を地方政府に帰属させるようにし、この収入の見込み金額を担保にしてお金が借りられるように制度的に整えていたという話があります。これで担保を用意できるという話になって、地方政府が融資平台を設立する際にこの土地使用権の売却益が将来間違いなく入るということを前提にして、融資平台が銀行からお金を借りられる仕組みにしたというわけです。

銀行の側からしても、融資平台への貸し出しは地方政府への協力を行っているという建前が成立します。こういうことから、融資の審査も緩くなっていました。こうして融資平台は国有銀行からの巨額な借り入れを行うことで、不動産プロジェクトを進行させていきました。また、「城投債」と呼ばれる債券を発行して資金調達することも始めました。ちなみに「城投債」の「城」というのは「都市」のことで、昔の都市が外敵からの侵入を防ぐために高い城壁を築いて都市を取り囲んでいたことに由来します。「都市に投資する債券」が「城投債」です。

こうした借り入れの結果として、当然ながら融資平台は非常に大きな債務を背負い込むことになりました。そして融資平台は地方政府の子会社のような位置づけですから、融資平台の債務には地方政府による暗黙の保証がついているものだとみなされることになります。

建前としては地方政府とは全く別の組織ですが、実際には深い関係があって、借金の返済ができないようなことがあれば地方政府がその負担をかぶらなければならないのが前提だと考えられたわけです。このことのはらむ危険性は無視できない話になります。

そこで中央政府は銀行に対して、融資平台への資金の貸し出しを制限します。ですが、融資平台を使った拡張的な財政を止めれば経済が回らなくなります。融資平台を使っての投資をやめるなどということはできません。何しろ地方政府は高い経済成長率を中央政府から求められていて、それが達成できるかどうかは彼らの出世に大きく響くことでもありました。

そこで地方政府は融資平台に資金を集める手段として、銀行ではないけれども銀行のようにお金を貸してくれる金融機関からお金を調達するようになります。これを中国語では「影子銀行」と言います。いわゆる「シャドーバンク」です。

「シャドーバンク」というと怪しさ満載な感じがしますが、必ずしもそういうものでもありません。預金者から預金を集めて、その資金を貸し出すのが銀行ですが、それ以外の形で資金を用意してお金を貸し出すのがシャドーバンクです。例えば質屋さんとかでもお金を貸してくれるわけですが、質屋さんは貸すお金を預金者から預金で集めているわけではないですよね。それでも貸出業務を行っているので一種の「シャドーバンク」ということになります。

「シャドーバンク」の定義は本当は様々あって一義的に決まっているわけではないのですが、「銀行ではないけれども銀行のようにお金を貸してくれる金融機関」という定義も成り立ちますので、ここではそういう扱いで行きます。また本来はそうした金融機関が「シャドーバンク」で、「シャドーバンク」が行う金融活動が「シャドーバンキング」ということになるはずなのですが、この2つの言葉の区別も現実にはなされていませんから、「シャドーバンク」でも「シャドーバンキング」でもあまり気にしないでいいかなと思います。

それはともかくとして、中国の場合には実は銀行の別働隊のような感じのシャドーバンクが多かったのです。預金者から集めた預金での貸し出しは政府が禁止したのでできません。そこで別会社を立ち上げてそこが貸し出しを行いました。そのシャドーバンクの貸し出し債権は小口に切り分けられて「理財商品」の名前で銀行の店頭で販売されました。つまり銀行の窓口に行って、普通の預金として預ければ銀行預金となり、シャドーバンクの「理財商品」を買えばそれはそこから融資平台に流れる資金となったわけです。

今は日本の銀行でも銀行がお金を預かる手段は預金だけでなく、投資信託という形もありますね。投資信託で集めたお金は銀行預金になるわけではなく、投資信託の運用会社に回されて、債券とか株式とかに投資されることになります。日本の銀行で投資信託を買うのと同じような感じで、銀行の窓口で理財商品が売られていたと考えると、イメージしやすいかなと思います。

では融資平台が現在借りている債務の総額はいくらなのでしょうか。

これがぶっちゃけ全くわからないのです。公式記録としては、2019年に融資平台が新たに発行した債券は4兆4000億元（70兆円）で、2020年度の合計額はまだわからないですが、ざっとこの1・5倍になっているのではないかと見られています。つまり、日本円では100兆円くらいです。累積残高は40兆元（630兆円）を超え、地方政府のその他の債務と合わせると70兆元（1100兆円）に達すると、公式には言われています。

これでもかなりの金額ですよね。ですが、実際にはこれの数倍になっている可能性が高いのです。というのは、2013年3月末に中国銀行業監督委員会（銀監会）は公式に確認したのは8兆2000億元（130兆円）だと述べていたのですが、この時でさえ実際には30兆元（480兆円）以上に膨らんでいるのが実際だろうと指摘されていました。4倍弱という感じでしょうか。ここから考えれば、公式に言われている金額の4倍くらいあっても不思議ではないのです。２０１３年から8年も経っているわけですから、２０１３年当時の30兆元からわずかに10兆元だけ増えた40兆元にとどまるわけはないでしょう。

そもそもですが、地方都市が地方インフラを整備したいと考えても地方債を発行してお金を集めることが許されていなかったところで、地方インフラ整備を行えるようにするために作られた事業体が融資平台です。ということは、このお金を使って水道を整備するとか地下鉄を建設するなどといった地方のインフラ整備に使われていったのです。

考えてもらいたいのは、こうしたインフラ投資が高い収益を生むでしょうか。現実には非常に厳しいというのがわかるかと思います。水道事業や地下鉄事業でウハウハに儲かっているという話は日本国内でも聞いたことがないですよね。むしろ耳に入ってくるのは赤字で苦しんでいるような話ばかりではないでしょうか。

もっとも地方政府もその点はある程度は理解していて、マンション開発を行って販売するようなこともやっていましたから、収益性の高い事業を全く行っていなかったというわけではありません。ですが、十分な収益性が見込める事業だけに絞り込んで行っていたというわけではないのです。

それなのに、理財商品の金利は普通の銀行預金よりもずっと高いのです。ということはそれを上回る運用益を何としてでも稼がなければならないということです。そしてそんなシビアなビジネス感覚を、中国の地方政府の役人たちが持っていると想定できるでしょうか。いちいち言うまでもないでしょうが、こうした役人のトップ級はみな中国共産党の幹部であり、彼らは自分の私腹を肥やすことばかりに関心を持っていて、賄賂を受け取って許認可を動かしているような人たちです。生真面目な日本の役人だってそんなビジネス感覚を持っていそうにないのに、どうして彼らをそうした点で信頼できるでしょうか。

ここで気づいてもらいたいのは、今新しく理財商品や城投債を通じて集めている資金のうち、本物の投資に向かっているのはごく一部ではないかという点です。収益性の低い投資であっても高い金利を支払わなければならないのですから、とてもではないですが、元金と利息を返済期限に返すことなどほとんどできていないはずです。返済資金を用意するためには新たな資金調達が必要になり、それを新たな理財商品や城投債の形で集めざるをえません。この構図はネズミ講に近い状態で、返済するばかりで新たな投資に回っているお金はかなり少ないのではないかと推察されるわけです。ですが、どんどん借り入れを増やし続けることなど、永続的にはできませんね。

今のところは融資平台のデフォルトはまだないとされていますが、すでに怪しい動きは始まっています。

2019年の12月に内モンゴル自治区の融資平台においては元利払いの支払い遅延が実

際に起こりました。最終的には何とか支払いはできたものの、今後のことを考えると非常に不安になるものだったと思います。

別の例として、吉林省の融資平台の事例もあります。ただこの事例は少しわかりにくいので、前提知識の説明からさせてください。

融資平台が債券発行によって資金を賄っている場合には、永久債と呼ばれる償還期限がない債券で発行されていることが多いです。つまり建前としては利払いだけを続ければ、元本の返済はしなくていいというものです。これは元本の返済義務がないわけですから、株式に似たような扱いになり、財務上の評価が上がります。調達したお金が借金扱いになるのか、必ずしも元本は返さなくてもいいということで自己資本扱いになるのかというのは、財務上では重大です。

ただ投資家の立場からすれば、元本のことも当然気になりますよね。そこで、建前としては償還期限がない永久債だということにしておきながら、5年に1回といったタイミングで、途中で元本も併せて全部返しますということができるようにしています。これを「繰上償還」と言います。慣例的には、最初の繰上償還のタイミング（ファースト・コール）で元本ごと返済するのが通例になっているのですが、吉林省の融資平台はこの繰上償還を見送りました。

様々なことを考えてファースト・コールでの繰上償還を行わないということは時にはありますから、繰上償還が行われなかったからといって財務がおかしくなっているという話になるかというと、必ずしもそういうことではありません。ですが、この吉林省の融資平台の場合には、明らかにおかしいのです。というのは、もともとの永久債の発行条件は金利が4・6%に設定されていたのですが、ファースト・コールを過ぎた後だと8%ほどに引き上げられる条件になっていたからです。つまり、ファースト・コールを逃すと利払い負担が格段に上がるのがわかっていたのに、繰上償還を選択しなかったのです。条件が圧倒的に悪くなることがわかっていても、このタイミングで繰上償還するのはどうしても無理だったと解釈すべき事態でしょう。何をどうやっても返済資金が用意できなかったと考えないと説明がつかないのです。

こうしたことを見た場合に、今後融資平台のデフォルトが顕在化してくるのは避けようがないでしょう。おかしくなっている融資平台が例外的に存在するというのであるなら別ですが、現実は違います。どこもかしこも融資平台の経営がおかしくなっているのは間違いないことであり、すべての救済などどだい無理です。となれば、相次いで起こる融資平台の破綻を政府が認めないわけにはいかなくなります。水面下で広がりながら顕在化してこなかったことが顕在化し始めたわけです。この先も蓋をし続けることはできなくなってきたと言えるでしょう。

民営経済は、ほぼほぼ壊滅

中国の地方政府の債務の状況を知るのに、黒龍江省鶏西市の元副市長の李伝良氏の証言は非常に参考になります。李氏は2020年の8月にアメリカに亡命し、今は自由な立場から中国政府についての批判ができるようになりました。かつて李氏の部下だった人に孔令宝氏という人がいます。彼は鶏西市恒山区の中国共産党委員会書記だったのですが、プライベートな会合で「もう共産党のために必死になって働くのをやめた」と愚痴ったのが録音され、通報されて逮捕されました。これをきっかけに李氏も過去の発言で逮捕される危険性を感じ、亡命することを決意しました。

李氏は中国の公認会計士や税理士の資格を持ち、鶏西市の財務局で働き、鶏西市の副市長となった人です。副市長となって、市の公共工事に関係した様々な不正行為を目撃して、許せない思いを持ちました。そのためそうした腐敗行為について上層部に告発したのですが、まともな処分が行われなかったといいます。役人は相互にかばい合うのが当たり前になっていたからです。

それどころか、李氏は上司からは不正行為に協力するように求められ、不正に目をつぶればさらなる昇級のチャンスがもらえるとも言われたそうです。ですがこうした上司の話を拒絶したことで、李氏は鶏西市より格下の鶴崗市の副市長に左遷になりました。李氏は上層部に副市長職の辞任の申し出を行い、共産党の党費の納入をやめ、2017年に完全に公職から身を引きました。

長年、鶏西市財務局で勤務してきた李氏は、中国東北部（旧満洲）の各地方政府の財政資料に目を通したことがあるそうです。李氏によれば、すべての県レベルの地方政府は、30億~40億元（470億~630億円）規模の負債を抱えているそうです。（中国では「県」は「市」よりも小さい行政区画で、日本とは関係が逆になります）県より大きな市レベルの地方政府になると、少ないところで100億元（1600億円）。多いところでは1000億元（1兆6000億円）を上回る負債を抱えています。地方政府は古い債務を返済するために、新しい借り入れをするという悪循環に陥っています。李氏は地方政府の中には職員の給料すら支払えず、貧困層への救済金給付を延滞するほどの財政破綻に近い状況にあるところもあり、地方の民営経済はほぼ壊滅していると言います。

何かにつけ国内外に中国経済は繁栄していると中国共産党は吹聴していますが、こうした宣伝を行うことで深刻な景気悪化、地方民営企業の倒産ラッシュ、人々が安心して暮らすことができない現状を隠したいだけにすぎないと李氏は非難しました。かつては中国の重要な工業地帯だった中国東北部が長年経済不振にあえいでいる理由について、李氏は地方政府から中央政府までの根強い腐敗にあると考えています。

例えば、地方政府のトップが民間企業の経営者に賄賂を強要した場合に、経営者が贈賄を拒否すれば、濡れ衣を着せられて拘束される可能性が高いと言います。経営ができなくなることを避けるため、民有企業の経営者らは次々と賄賂を渡しているのだそうです。

この具体例として、李氏は黒龍江省伊春市の実業家の馮《ひょう》永明氏の例を挙げました。馮氏の一族は地元で「光明家具」という家具会社を経営し、地元に1万人以上の雇用機会を提供し、政府には毎年巨額の法人税を納付していました。しかし、当時、伊春市トップであった党委員会書記の許兆君は、馮氏らの財産を自分の所有にするために、不法経営や脱税という罪名で馮氏と兄弟2人を拘束し起訴しました。伊春市中級人民法院（地方裁判所）は馮氏に対して、執行猶予付きの死刑判決を、また、兄弟2人に対して無期懲役をそれぞれ言い渡しました。さらに3人は政治的権利を終身はく奪され、すべての個人財産も没収されました。馮氏らが有罪判決を言い渡された後、光明家具の資産はすべて競売にかけられ、許兆君の知り合いの実業家が落札したとのことです。

李氏が鶏西市の副市長だった当時、この許兆君の汚職行為を上層部に告発しました。李氏の試算では、許兆君が収賄・横領した金額は数十億元規模にのぼることになります。しかし、当局が調査した結果としての汚職金額は、この李氏の試算より2ケタ小さい数千万元にとどまり、結局許兆君への処分は軽いものとなりました。黒龍江省元トップの王憲魁《けんかい》氏と賈《か》慶林・元中央政治局常務委員が、許兆君の後ろ盾となってかばっていたからです。許兆君のような汚職幹部が「処分されても、離職しても、その利益関係者の勢力がずっと地元にいるので、結果として、役人や幹部の腐敗問題を摘発する人はもう現れない」と、李氏は嘆息します。

わたしたちはこうした話を聞けば大いに憤ると思うのですが、財産を没収されて死刑判決を受けた馮永明氏らが遭遇したことは、中国の企業家がたどる末路の典型例だとも言えます。こうした裏のルールがある中では、民営企業が消滅してしまうのは当たり前ではないでしょうか。経営者らはビジネスをしたくても、いつかは当局の取り締まりの対象になるのだろうと常に不安を持つことになります。だから李氏は「中国の経済危機の根本原因は、この政治体制にある」と結論づけます。

また李氏は地方政府による経済データについて「すべての経済データはうそだ。実績を上げようとする役人らは、必要性や地方の財政状況を考えずに、見せかけの工業区や特別開発区を建設してきた。実際に、それらの大半はゴーストタウンだ」と言います。ですが、中央政府から地方政府まで、すべての幹部が利益でつながっているため、不正行為が正されることはなく、これまでのあり方がそのまま続いていくことになります。

この李伝良氏の話を聞いて、中国の経済体制は西側の経済体制より成長に適したものであるのか、中国が公式に語っているＧＤＰ成長率が本当なのか、まじめに考えてもらいたいのです。民有企業の成長の芽を潰して、それを自己利益のために食い物にする共産党幹部たちが威張っている国家が、本当に経済成長できるのでしょうか。

融資平台は理財商品の高い金利が求めるような運用が本当にできているのでしょうか。それができていないということになったら、年々拡大してきた融資平台の債務は単なるネズミ講にすぎないのではないでしょうか。そのほころびが表面化してきているのが今ではないでしょうか。とすれば、中国経済をこのままこれ以上引き延ばすことはできるのでしょうか。私は限界にぶち当たってきていると考えています。

高速鉄道網——赤字９５０兆円へ

中国経済の非効率性を端的に表すものとして、高速鉄道網（新幹線網）を一例にすることができます。

中国の高速鉄道網は2020年の末の段階ですでに3万8000キロメートルに達しています。日本の新幹線網の営業距離数が合計で3000キロ弱であることからすると、すでにその13倍近くに達していることになります。それどころか、2035年には営業距離数を7万キロにするとの計画が進行中です。

2020年8月に、国家鉄路集団有限公司の発展改革部の丁亮・副部長は「(2035年には)人口20万人以上の都市が鉄道でカバーされ、50万人以上の都市に高速鉄道が通り、全国1、2、3時間高速鉄道移動圏が形成される。1とは北京から天津、上海から無錫《むしゃく》、成都から重慶など、主要都市間の1時間での移動だ。2は北京から石家荘《せっかそう》、上海から南京や杭州、広州・深圳《シンセン》・香港・マカオから珠江《しゅこう》デルタ周辺都市など、都市圏内の主要都市間の2時間の移動だ。3とは隣接する都市圏及び省都間の3時間の移動だ」と述べ、いかに便利になるのかを強調しながら、2035年までこの計画をどんどんと推進する姿勢を示しました。

2020年8月に発表された「新時代交通強国鉄道先行計画綱要」によると、単に営業距離数を大幅に増加させるだけでなく、クラウドコンピューティング、ビッグデータ、IoT(モノのインターネット化)、AI(人工知能)、北斗測位(GPS)などの新技術によってスマート高速鉄道を完成させて、産業チェーンの水準を全面的に向上させ、中国を世界鉄道科学技術革新の優位に立たせるとしています。なんだか凄そうにも感じるかもしれませんが、共産主義国家がよくつかうこけおどしにすぎないいんじゃないのかと、私は比較的覚めた見方をしています。

実際、既存の路線で黒字が出ているのは北京－上海路線と北京－広州路線のわずか2路線に限られ、大半は赤字路線です。甘粛省蘭州市と新疆《しんきょう》ウイグル自治区ウルムチ市を結ぶ蘭州・ウルムチ高速鉄道は一日4往復しか運航していない状況で、輸送コストが高い割には、運賃収入が少ないため、電気代すらも賄えない状態です。最も輸送密度が高いとされる北京－上海高速鉄道でも平均輸送密度は4800万人／kmで、日本の東海道新幹線の輸送密度の9000万人／kmと比べたら半分程度です。

こうした高速鉄道網を運営している国営中国鉄路総公司（中国鉄路）が抱える債務総額は2018年末の段階ですでに5兆2800億元（83兆円）に達しているとされているのですが、本当の数字は表に出されていません。北京交通大学経済管理学院の趙堅教授は本当の数字は国家秘密になっているとしつつも、地方政府が負担する部分などをすべて合わせると、2018年末で18・29兆元（290兆円）になっていると述べました。恐らくは国家秘密になっている本当の数字はさらに大きいのだけれども、そんな本当のことは絶対に言えないということなのでしょう。表に出せるギリギリのラインでも、表面的に語られている数字の3倍以上はあるんだぞと、趙堅教授は語っているのではないでしょうか。ともかく、2018年末で仮に日本円で290兆円だったとしても、2020年末の段階では350兆円くらいに達していると思われます。従来からの負債が年利4・75%の割合で増えることに加えて、新たな建設費や営業赤字も加わってくるからです。

趙堅教授は、この中国の高速鉄道網に対して、以下のような感じで問題点を指摘しています。

中国の人たちは中国高速鉄道の営業距離が圧倒的に世界一だと誇っていますが、高速鉄道の債務と営業損失も世界一だということを見ていません。高速鉄道は安定性と円滑性の要求が非常に高いので、高速鉄道の建設費は普通鉄道の建設費より2～3倍になるということも押さえておくべきです。

このように建設費用が高いのに、高速鉄道は人の輸送だけで貨物の輸送はできないようになっており、鉄道貨物の輸送能力の不足の問題を解決することができません。また対戦車ミサイルなどを運ぶこともできないため、軍事の観点でも十分な利用は難しいです。従って人口規模が大きく、密度が高い路線だけしか高速鉄道の需要を満足させることができないのが実際です。

現在のところでは、北京－上海路線と北京－広州路線以外は高速鉄道の建設と運営のコストを補うことはできていません。その他の高速鉄道の路線は輸送能力が有効に活用できない状態にあり、深刻な赤字が累積しています。

日本の高速鉄道の平均輸送密度は3400万人／kmであり、これは中国の高速鉄道の平均輸送密度の1700万人／kmの2倍に相当します。中国が十数年で建設した高速鉄道は、すでに世界のその他の国や地域が半世紀以上をかけて建設した高速鉄道の総延長の2倍以上にも達しています。

世界各国の高速鉄道で旅客輸送の収入だけで建設や運営のコストを賄えているところは恐らく一つもありません。大多数が赤字に苦しんでいたり、政府からの補助金に頼っています。今後も大規模な高速鉄道の建設を継続するならば、それは中国の鉄道を運営する中国鉄路と地方政府に更なる巨大な債務負担をもたらし、取り返しのつかない事態に陥る可能性があります。

中国鉄路の収支は秘密事項になっていますが、公表された負債と旅客運輸収入のデータから考えますと、たとえ高速鉄道の電気代や人件費などからなる運営コストを全く考慮しないようにしても、高速鉄道の全運輸収入を高速鉄道の建設に関わる借入の利子払いにあてようとしても不足する事態になっています。

鉄道貨物輸送力の不足の問題を考えるならば、むしろ高速鉄道ではなくて普通鉄道の強化に重点を置くべきではないでしょうか。中国鉄路の営業距離のうち10万キロは普通鉄道のものです。普通鉄道の営業距離数については26万kmまで増やすことが望ましいと考えています。

国際的には、一般に鉄道輸送が走行距離1キロメートルあたり0・1元／トン・km程度であるのに対して、トラック輸送は0・3〜0・5元／トン・kmで、鉄道輸送はトラック輸送よりも貨物運賃が安いというのが標準的なあり方です。

ですが、中国鉄路は高速鉄道の深刻な損失を少しでも穴埋めしようとして、貨物輸送の運賃を絶えず値上げしてきたため、鉄道輸送にかかるコストはトラック輸送に比べて2倍以上になっています。その結果、運賃が高い鉄道輸送を止めてトラック輸送に切り替える動きにつながりました。

ディーゼルトラックはPM2・5を大量に放出しますし、天然ガストラックも大量の窒素酸化物を放出します。トラックの過積載は何度指摘されても改まることはないですし、数千キロにも及ぶ長距離トラック輸送では深刻な交通事故もたびたび発生しています。こうした観点から見ても、トラック輸送より鉄道輸送が優先されるようにすべきなのですが、現在の政策の方向はこうした社会問題を低減させる方向とは整合性が取れていません。

債務は積み上がるのに収益が増やせないならば、中央政府はただ貨幣を発行して一時しのぎをし、債務を積みましていくことしかできないことになります。これが深刻なインフレーションの引き金を引きかねないことを軽視しないでもらいたいのです。

こうした問題点を指摘しているのは趙堅教授だけではありません。アルカディス・アジアの交通コンサルタント部門のトップ、ジョナサン・ビアード氏は、高速鉄道に最適な距離は300~500キロで、これより短ければ自動車が、長ければ飛行機の方が優位になると語っています。距離の認定がこのとおりなのかについては、少なくとも日本の経験に照らした場合にはちょっと違う気もします。とはいえ、新幹線では東京ｰ博多がそのままつながっているからといって、新幹線で向かう人はあんまりいないでしょうし、東京ｰ横浜間の移動で新幹線を使う人がいないのは確かですね。適した営業距離数というものがあり、それより短くても長くても利用者が見込めないというのは確かにそのとおりだと思います。人口密集地帯に比較的短距離で通すのが最適だというのが基本的な高速鉄道の経済学だとビアード氏は語っていますが、これにも全面的に同意します。そして、中国がこの経済の鉄則を無視した高速鉄道の運用を進めているのは間違いないでしょう。

趙堅教授が勇気を出した発言をしているにも関わらず、習近平は趙堅教授の言うことに全く耳を傾けるつもりはないようです。習近平はカッコいいことが好きなので、高速鉄道の整備はどんどん進めたいのですが、派手さのない普通鉄道の整備の方が国家発展にとって大切なのだと言われても、それを改めるつもりはないでしょう。

では、本気で2035年までこの高速鉄道拡張計画を続けた場合、新たにどのくらいの債務が発生するのでしょうか。すでに2018年末にあった290兆円ほどの債務は年利5％で増えていったとして650兆円程度になります。これに新たに建設する3万2000キロの債務がさらに300兆円ほど積み上がることになります。物価の上昇や毎年の運営費用での赤字を考慮しないとしても950兆円程度、少し少なく見積もっても900兆円に増える計算になります。これが地方政府分も含めた高速鉄道の負担です。しかも表に出せる範囲に限った負担です。

そしてこんな見通しになることがわかっていても、つまり壮絶な無駄になることがわかっていても、止められずに進んでしまうというのが、習近平体制の愚かなところです。

国有企業、財テクで赤字急増

中国の企業債務は非常に急ピッチに拡大しています。

ＢＩＳ（国際決済銀行）が集計しているデータによると、２０１３年12月段階での非金融法人（金融機関以外の企業）の企業債務は83兆６０００億元（１３００兆円）でしたが、これが２０２０年６月には約２倍の１６０兆１３００億元（２５３０兆円）となりました。その間のＧＤＰがほとんど伸びていないであろうことは第一章で確認しましたが、その中でも企業債務はほぼ倍増となっています。そしてこの数字もどこまで正しいのかはわからず、実際にはもっと大きい可能性すらあるのです。

ところで、企業がどうしてこんなに債務を拡大させているのか、一見すると不思議ではないでしょうか。投資額（借入額）を従来の２倍にしたら、売上や利益が２倍になるというのならわかりますが、投資額（借入額）を２倍にしても売上も利益も大して変わらないのであれば、少なくとも資金の効率性は大幅に落ちていることになりますよね。

この一見不思議に思える話のカラクリは意外と単純です。実は企業が借入金を増やしているのは、主としては設備投資に回すためではなくて、財テクのためだからです。例えば公式統計上の話ですが、２０１５年に非金融企業が様々な形で調達した14・1兆元のうち、金融資産に充当したのは13・０兆元で、機械や工場の建物などの実物投資に向けた分はたったの1・1兆元でした。つまり９割以上が金融資産に充当されていたということになります。いかに中国の企業が財テク志向であるかがわかるでしょう。こういう流れのことを中国では「脱実向虚」といいます。「実業から脱出して虚業に向かう」という意味なんだろうということは、日本人なら漢字を見ればイメージできますよね。

では企業はどんな財テクに走っているのでしょうか。自ら不動産投資を行ったり、株式投資を行ったり、理財商品やゴルフ会員権を購入したりもしていますが、それ以外にもいろいろとあります。

その中でぜひ知っておいてもらいたいのが「委託融資」とか「委託貸付」と呼ばれているものです。これは企業が別の企業に対して銀行を仲介してお金を貸すことですが、これが中国でかなり広がっています。中国では銀行を通さないで企業間で直接貸し借りを行うのは禁止されているため、銀行に仲介手数料を支払って銀行を介して貸し出しを行っているのですが、これが大きな企業、特に国有企業の有力な財テク手段になっています。

日本総研の関辰一氏によると、中国国内のタバコ産業を独占している中国煙草総公司は、傘下に香溢融通控股集団という金融子会社を設立し、この委託融資を通じて中小企業向けに年率18%程度で資金を貸し出しているとのことです。この貸し出しの原資となるお金は銀行からの低利の融資で集め、これを委託融資を通じて高金利の貸し出しを行っていると考えればいいでしょう。5%で借りておいて18%で運用すれば、13%の「中抜き」ができて大儲けですね。右から借りて左に貸せばいいだけですから、非常にお手軽な財テクになっているというわけです。委託融資の利回りは実際は10％前後のものが多いらしいのですが、それでも5％くらい中抜きできることになりますね。

そしてこの中国煙草総公司は中国を代表する国有企業です。一口に国有企業と言っても実際にはいろんな種類のものがあって、日本では「第三セクター」と呼ばれる官民双方が出資しているタイプの企業も中国では一般に国有企業扱いになります。中央政府系の企業が6万社以上、地方政府系のものが12万社以上あります。中国煙草総公司は中国全土のタバコを独占的に取り扱うわけですから、もちろん中央政府系の国有企業ですが、単にそれだけにはとどまらない存在感があります。というのは、中央政府系の国有企業の中でも特別に重要な「央企」と呼ばれる100社ほどのうちの1社だからです。18万社以上ある中国の国有企業の中でも、トップ100に入る超重要企業の一つだということになります。こんな政府の中枢に位置する国有企業が率先して財テクに明け暮れているというわけです。しかも財テクにいそしんでいるのは、決して中国煙草総公司が例外なのではありません。大手の国有企業ならみんな財テクに走っていると考えていいでしょう。日本人の私たちの感覚からすると、かなり驚きですよね。

中国では企業の財務内容や投資しようとする事業の採算性という観点よりも、国有企業か民営企業か、国有企業の中でも格としてはどのあたりなのかということによって、銀行からの資金の借りやすさや金利条件などが決まってくる仕組みになっています。従って中国煙草総公司のような国家の中で格の高い企業は、銀行からの借り入れでも非常に優遇されていますから、他の企業よりもこうした財テクがやりやすくて利幅も大きいということがあるのです。従って、こういう格の高い企業ほど積極的に財テクを行っているというのが実態です。ここに中国経済の闇が見えますね。

２０１７年2月のウォール・ストリート・ジャーナルの報道では、中国のアルミ製造の最大手である中国アルミは委託融資で３０７０万元（4億８０００万円）を稼いでいて、これは同社の利益の50％を占めているとのことでした。

このような委託融資が中国で発達したことには、いろんな背景があります。

過剰投資が問題となっている不動産ディベロッパーや過剰生産能力が問題視されている企業などは、銀行からの融資が政府によって規制されていますから、こうした企業は資金を集めるのに別ルートが必要になります。この別ルートのうちの一つが委託融資というわけです。これであれば銀行からの直接融資を受ける形にはならないので、規制に引っかからないのです。

この話には実は銀行側の事情も絡んでいます。政府がいくら「あんな企業にはこれ以上金を貸すな」と言われても、すでに実行している融資のことも考えないわけにはいきません。必要資金を止めて経営が行き詰まって不良債権額が増えるのは、銀行としても嫌でしょう。それでこの委託融資という手法を銀行が考え出したのです。銀行から企業の方に「あの企業にお金を貸してあげてくれないかな。金利は高くてもいいから。貸し出すお金はうちの銀行がおたくの企業に貸すから。右から左に回すだけでボロ儲けできるよ」とそそのかしたと考えればよいでしょう。

この委託融資が広がりすぎたことに対しては、政府としても対策を全く打っていないわけではありません。2018年の1月に中国銀行業監督管理委員会（銀督会）は「委託貸付管理弁法」を交付し、委託融資においての銀行の立ち位置は委託代理業務に限定され、信用リスクを引き受けないこととしました。つまり、委託融資を行った時の貸し出しが焦げ付きが生じた時に、仮にこの融資の黒幕が銀行であっても、銀行が損失を引き受けてはならないとしたのです。これは銀行預金の安全性を守るために、中国政府が打ち出した処置です。こうすれば、銀行が黒幕の委託融資に制限がかけられるんじゃないかということなんでしょう。ですが、委託融資の限度額を今の貸し出し水準から引き上げないようにすべきだという意見は却下され、今後も委託融資の額が増えたとしても黙認することになっています。

ちなみに委託融資の資金調達は銀行からとは限りません。社債を発行してこれを委託融資に回しているなんてこともあるわけです。融資の委託は銀行を通すけれども、資金調達は社債発行で賄うというわけです。

コンテナ船の造船企業である江蘇舜天船舶股份有限公司（舜天船舶）はそんな会社の一つです。ここは6・6％の金利で社債を発行して、南京福地房地産開発（福地房産）という不動産開発企業に年利18・0％で貸し出しを行っていたのですが、これが債務不履行となりました。困った舜天船舶が福地房産を裁判に訴え、その結果として同社が発行した社債で調達したお金を委託融資に回して運用していた実態が明らかになったわけです。福地房産の経営者は夜逃げしてしまったようです。そしてこの事件が発覚してから2年後に、舜天船舶も破綻しました。

本業そっちのけで財テクばかりにいそしんでいる企業が例外であるならば、社会的には大した問題ではないでしょうが、大手の国有企業がこんな企業ばかりだと知ると、中国の闇を感じませんか。そしてそんな国に未来はあるのでしょうか。

トリプルAの「優良企業」が続々とデフォルト

借りていたお金の利息や元本の支払いが滞ることをデフォルト（債務不履行）といいま

す。要するに「お金返せません、ごめんなさい」がデフォルトです。2020年の3月から10月までは新型コロナウイルス感染症による混乱を抑えるために、中国政府は金融支援を進めるなどして、デフォルトがなるべく起きないようにしてきました。このため3月から10月までのデフォルト件数は月間で20件を下回る状態が続いていました。

ですが、経済はすでに回復軌道に入ってきたとして、11月からはこうした支援を中国政府は打ち切ったようで、中国でのデフォルト件数は一気に1カ月で49件に跳ね上がりました。しかもこの中では国有企業のデフォルトの急増が顕著となっています。

少し前の2017～2019年の3年間にデフォルトを起こした企業のうち88・8%は民有企業であり、国有企業はまだ11・2%に留まっていました。ところが、2020年の11月になると国有企業のデフォルト率は全体の72・3%にまで高まり、もはや政府がバックについているから潰れることはないというのは幻想になったのです。

この月に永城煤電控股集団（永煤集団）がデフォルトを起こしました。発行した社債10億元（160億円）が償還期限を迎えたものの支払い不能に陥ったのです。この永煤集団のデフォルトは衝撃でした。

永煤集団は河南省最大の国有企業である河南能源化工集団（河南能源）の傘下の石炭大手で、株式の96%を河南能源が保有しています。グループ従業員数は18万人に上り、従業員の家族も含めると100万人近い人たちの生活を支えています。こういう点から見れば、つまり従来の中国の「常識」から見れば、絶対にデフォルトなどさせるわけがないはずの企業でした。

「暗黙の政府保証」があると国有企業が考えると資金繰りがルーズになるので、こうした国有企業改革を目的とした「正常化」路線を進めているだけだと中国政府は説明しています。もちろんそのように捉えることも可能ですが、はっきり言えばもはや助ける余力が政府内部になくなってきたということではないでしょうか。

さて、永煤集団のデフォルトが衝撃であったのは、中国の格付け最大手でアメリカの格付け会社ムーディーズが出資している中誠信国際信用評級（中誠信国際）が、この永煤集団に最高ランクのＡＡＡ（トリプルエー）の格付けを10月10日に付与したばかりだったことにもよります。ちなみにムーディーズのＡＡＡの格付けは日本のトヨタ自動車でも得られていない最高格付けです。

そう言うとビックリでしょうが、中国の格付けの甘さは実は有名で、格付けを得ている企業の大半がＡＡＡかＡＡ（ダブルエー）になっていて、Ａ（シングルエー）より下は殆どないというのが実際です。つまり、最高ランクに近い格付けしかほとんど出されていないということになります。低い格付けだと手数料を支払ってもらえないからだと言いますが、そんな理由が成り立ったのでは格付けの意味がありませんね。

それでも永煤集団の財務諸表を見れば、ＡＡＡとはいかないとしても、かなりの高格付けが付与されてよさそうな企業に見えるというのは事実のようです。同社には２０２０年9月末時点で３２８億元（５２００億円）の現金および現金等価物（すぐに期限の来る定期預金など）があったことになっています。ここからすれば、10億元（１６０億円）程度の支払いに困ることは全く考えられないはずですよね。さらに、永煤集団の石炭事業は月間10億元を超える営業キャッシュフローを生み出しているとされていました。要するに毎月毎月10億元を超える現金が入ってくるということになっていたわけで、１カ月以内に手元に入った現金を支払に回しさえすれば、デフォルトになることなどないはずでした。

しかも永煤集団はデフォルト発生のわずか20日前に、今回のデフォルトと同額の額面10億元（１６０億円）の社債を発行していたのです。つまり、20日前に集めたお金をそのまま今回の返済に回すだけでも、デフォルトの発生はなかったということになります。

さらに河南省には鄭州銀行、中原銀行などの地元の有力な金融機関があり、通常なら国有企業が10億元程度の資金を融通してもらうのは難しくないはずなのに、今回はそれすらもできなかったということになります。知れば知るほど不思議なデフォルトではないでしょうか。

このことを説明できるとすれば、それは表に出している財務諸表と本当の財務諸表の間にはとても大きな落差があり、本当の財務諸表を知る立場になったら、とてもこんな企業にはお金は貸せないという状況にあったということでしょう。そしてその状況は国有企業だろうがなんだろうが変わらないということです。中国の格付け会社が表の財務諸表くらいしか見ないで、まじめな企業調査など全くしていなかったことが立証されたとも言えます。

さらに今回のデフォルトの1週間前には、保有していた中原銀行の株式を別の政府系子会社2社に移していることが判明しました。こうなるとデフォルトを避けるために必死に資金繰りに動いたというわけではなく、むしろ優良資産を債権者に渡したくない思いから隠蔽工作を行なっていた疑いが濃厚ですね。

ここから先は私の憶測に過ぎませんが、このデフォルトは河南省政府が意図的に引き起こしたのではないかとさえ思えてきます。

中国の債券市場はこの永煤集団のデフォルトを受けて売り一色になりました。つまり大暴落したのですが、こうした大事件にするのが目的だったのではないかとも思えるのです。

というのは、永煤集団の親会社である河南能源がすでに大幅な債務超過の可能性が疑われるからです。そしてこの河南能源を助ける力はもはや河南省にはなくなっていて、中央政府にSOSを求めた動きではないかという見立てです。

公表値によれば、河南能源の2020年8月末時点の資産総額は2845億元（4兆5235億円）に対し、負債総額が2369億元（3兆7667億円）に上り、総資産負債比率は83％に達しているとされています。繰り返しますが、これはあくまで公表値であり、「表」の数字です。実際はもっとひどい状態になっていると考えておかなければならないわけで、そうなると債務超過の可能性が非常に高いでしょう。そして河南省最大の国有企業である同社で債務危機が発生すれば、連鎖反応を誘発して金融危機を引き起こす可能性はかなり高いといわざるをえません。

それでも構わないと河南省政府は考えているのかもしれません。努力したところでデフォルトを避けることはできないでしょうし、中央政府が助けないと結局困るのは中央政府だろうと達観したのかもしれません。河南能源が危機状態にあることはすでに何度か中央政府に報告し、救済を求めても色よい返事が返ってこなくて、ならばちょっとしたショックを走らせないとわかってもらえないんじゃないかということで意図的にデフォルトを仕掛けたのではないか……これが私の憶測です。

助けなければならないのが河南能源だけであり、河南省だけであるなら、救済するのは簡単です。ですが今やこういう状態が中国全土で広がっていることを考えた場合に、河南能源の救済を中央政府が行うかどうかは微妙になります。

私の憶測が正しければ、中国の危機が引き延ばせなくなっているというのは間違いないでしょう。

11月にデフォルトした国有企業の中には、先にも見たAAA格付けだったはずの永煤集団も含まれますが、衝撃なのはそれだけではありません。清華大学といえば北京大学と並ぶ中国の最高ランクの大学で、習近平の母校としても知られていますが、この清華大学系列の紫光集団の社債もデフォルトしました。

清華大学は中央政府管轄の国立大学であり、紫光集団も中央政府管轄の国有企業（中央企業）です。大学系列の企業と言っても日本ではピンとこないでしょうが、紫光集団の負債総額は2030億元（3兆2000億円）とされていることからわかるように、相当な巨大企業なのです。

しかも紫光集団は中国が目下国を挙げて取り組む半導体国産化計画をけん引する国策会社だと目されていました。米中経済戦争が起きて、台湾のTSMCや韓国のサムスンなどの高性能半導体の確保ができなくなる中で、半導体国産化技術の推進は中国の命運を握るものでした。

中国にもSMICなどの半導体メーカーはあるのですが、世界の最先端からすると3世代以上遅れているとされ、しかも半導体を作る肝心の製造装置は西側からしか手に入りません。半導体製造過程で非常に重要な露光装置はオランダのＡＳＭＬという会社が今圧倒的なシェアを握っていますが、トランプ政権はオランダ政府を通じて説得を行い、このＡＳＭＬの最先端露光装置の中国への輸出も止めさせました。こうした環境にあっては半導体国産化計画の中心的な企業の一つであった紫光集団は、中国政府がどんなにお金をかけても救っていくはずの企業であり、まさに絶対潰れるはずのないはずの企業とみなされていました。当然ながら紫光集団も永煤集団と同様にＡＡＡという最高ランクの格付けを得ていました。

紫光集団は11月16日に元本13億元（２００億円）のデフォルトが確定しただけでなく、12月10日に支払期限の来る元本50億元（８００億円）の利払いもできないとし、傘下の紫光国際が海外で発行した額面４億５０００万ドル（４７０億円）の社債もデフォルトしたと発表しました。これにより、同じく傘下の紫光芯盛が発行した総額20億ドル（２１００億円）の３本の社債もデフォルト扱いとなりました。

中国ではＨＳＭＣという半導体製造企業も立ち上げられ、１３００億元（2兆円）規模の巨大プロジェクトとなっていたのですが、「資金不足」を理由として行き詰まり、工場に設置した露光装置が裁判所に差し押さえられるという事態にもなりました。こうしたことを見ていくと、中国の半導体国産化計画は完全に頓挫したと言えるでしょう。

中国遼寧省政府の管理下にある国営自動車メーカーである華晨《かしん》汽車集団も、10月23日に償還を迎えた元本の10億元（160億円）の社債がデフォルトしました。華晨汽車の従業員は4万7000人で、同社の資産総額は1900億元（3兆円）であり、傘下の華晨BMWの製造するBMW車が主力となっている企業です。華晨汽車集団もデフォルト直前までAAAの格付けを取得していました。華晨BMWの純利益は150億元（2400億円）ほどですが、BMW以外は販売不振に喘いでいました。

華晨汽車集団も現金化が可能な優良資産の多くを別会社に移して債務の返済から逃れようとする画策がいろいろと行われていた疑惑が浮上しています。

相次ぐAAA級の債券のデフォルトによって債券利回りは急上昇しました。それどころか、新たに債券を発行して資金調達しようとしていた企業の計画が大幅に狂いました。中国の社債の信頼感が失われました。

社債がデフォルトしても、本来デフォルトするリスクのない国債の利回りはあまり影響ないのが普通なのですが、中国では国債の価格も一時期は大きく下げ、結果として国債の利回りが急上昇しました。取り付け騒ぎを心配して銀行側が現金比率を高めようとし、国債まで売ってしまったのかもしれません。

実は中国では2013年までは民間企業の社債を含めてデフォルトは全くありませんでした。これを「剛性兌付《だふ》」といいます。「剛性兌付」とは「硬直的な償還」のような意味で、たとえ発行企業に返済資金がなくなっていても、地方政府が金融機関や他の企業の協力を取り付けながら、絶対にデフォルトさせないようにアレンジしていたのです。ですからかつてはこうした暗黙の保証によって、投資家は安心して中国の社債を購入することができました。

しかし2014年に入ってから、様相が少しずつ変わってきました。太陽光発電バブルが崩壊し、太陽光発電関連メーカーである上海超日太陽能科技（上海超日）がデフォルトを起こしました。

さらに2015年になると、変圧器メーカーである国有企業の保定天威集団がデフォルトを起こして、国有企業の「剛性兌付」も今後は成り立たなくなったことが印象付けられました。この国有企業のデフォルトは、単に国有企業がデフォルトを起こしたという以上の衝撃がありました。というのは、保定天威集団は中央政府が出資する中国南方工業集団系列の企業だったからです。地方政府系の企業であれば、ひょっとしたらデフォルトがありえたとしても、中央政府系の企業であればそんなことは絶対にないだろうと思われていたのに、中央政府系の企業がデフォルトを起こしてしまいました。つまり、デフォルトを起こす国有企業に、地方政府系か中央政府系かも関係ないというメッセージにもなったわけです。そしてこの頃からデフォルトを起こす国有企業が増えていきました。ちなみに中国では2015年には26件のデフォルトが発生していますが、このうち5件が国有企業です。翌2016年では23件のデフォルトのうち国有企業は7件でした。

この2年間の国有企業のデフォルトの増加は、過剰生産を抱えている重厚長大産業の企業を整理しようという習近平政権の意思の反映でもあったと言われています。公式のGDP統計ではこの2年間の景気悪化は特に起こっていませんが、この2年間は実際にはマイナス成長であった可能性が高いことは知っておいてよいかと思います。

この2年間の経済引き締めのやりすぎの反動として、2017年には再び不動産バブルに火を付ける政策が実行され、これによって重厚長大産業は一旦は一息ついた形となりました。ですが2018年に入ると過剰債務の問題を習近平政権が問題視するようになり、この圧縮のために貸し出しが厳しく制限されるようになりました。中国では貸し出しが制限されると真っ先に割を食うのは民有企業です。企業の財務内容とかよりも、国有企業かどうか、国有企業の中でも序列的にどうなのかということの方が重視されるからです。この結果、特に民有企業は簡単に資金を調達することが困難になり、民有企業のデフォルトが急増しました。この流れは2019年も続きました。

２０２０年に入ると新型コロナウイルス感染症が大きな問題となり、10月までは企業の資金繰りを支援する政策が打たれてデフォルトはかなり抑えられましたが、11月に入って支援がなくなると一気にデフォルトが急増したというのは、先にも見たとおりです。

こうした一連の流れを見ていくと、企業が抱えた過剰生産力や過剰債務の放置はもはや許されず、これらの圧縮に中央政府がどうしても乗り出さざるをえなくなった中国の姿が見えてきます。この中で２０１３年まではまだ余裕があった地方政府に２０１４年以降は余裕がなくなってきていて、中央政府の支えが失われると運営に行き詰まる企業が急増する構造が見えてきます。中央政府が財政政策をふかして金融による延命処置を講じると、デフォルトは一時的には抑えられるものの、それは過剰生産力を温存し、過剰債務を増やす方向に作用することになります。それは習近平が考えている正常な姿からは離れることになるわけで、中国経済が行き詰まっているのは明らかだと言えるでしょう。

不動産暴落――暴れ出した「灰色のサイ」

中国の不動産価格の高騰はよく知られていますね。「北京の土地を売ればアメリカも手に入る。上海も加えれば日独仏英も買える」とか「世界中のどこの不動産も、中国人にとってはもはや高いものではない」なんて話もあったりします。

中国国内には資産を増やせる手段が非常に限られています。一時期は株式ももてはやされましたが、株価の指標となる上海総合株価指数は２００７年に記録した６１２４を未だに追い越せずにいます。２０２１年１月下旬で３５００前後ですから、未だに２００７年の高値の６割弱に留まっています。ですから、中国では株式はあまり儲からないもので、インサイダー情報でもない限りは手を出すべきものではないという意識が強いようです。

これに対して不動産は、持っていれば必ず値上がりするものだという信頼の強い投資物件だと考えられてきました。特に北京や上海などの大都市であれば間違いないだろうということで、資金が集中する傾向がありました。中国政府は主としてこうした大都市への不動産投資資金を抑制するために、様々な制限を加えました。購入の際に用意しなければならない頭金の金額を引き上げるとか、その都市に一定年限以上居住していないといけないとか、居住用として買える一軒目は条件が緩くても二軒目以降は厳しくなるとか、そんな感じです。

今でもこういう厳しい規制があることから、まだまだ不動産は大丈夫だろうと見られているところもあり、確かに上海では未だに不動産価格の上昇が続いています。これは上海が海外留学組を積極的に受け入れる政策を取っていて、条件を満たせば上海戸籍を与えるという政策を実行していることとも関係します。海外留学組にとっても本来の出身地で暮らすよりも国際都市上海で暮らしたほうが留学経験を活かせる機会が多いということが彼らの中での上海人気につながっています。コロナ禍の拡大によって外国で生活することに不安を感じる人たちが続々と帰国していることで、現在需要面を支えているという話もあります。また、上海の医療体制の充実ぶりは他に抜きん出ていて、他の地域に住む人にとってはうらやましい場所だということもあるようです。すでに上海に不動産を持っている人たちが今後の値上がりを信じてなかなか物件を手放そうとしない中で、上海の不動産価格の上昇が続き、２０２１年に入っても89平方メートルのマンションが１２５０万元（2億円）で販売されたとの話もあります。

ですが、上海や杭州といった特別な大都市を除いてはどうかというと、現実にはかなり深刻な事態が進行しています。実は中国では現在、借金の返済ができないということで、せっかく購入したマンションを手放す動きが広がってきているのです。中国ではアリババ系列の「阿里拍売」などの、各地の裁判所とリンクする競売サイトがいくつかあります。「阿里拍売」には２０２1年の1月21日段階で１３７万戸を超える競売物件が登録されています。中国版ツイッターの「微博」には、過去1年間で深圳市の競売件数が60％も増えたとの投稿がアップされたと、２０２０年の夏に話題になりました。

こうした競売サイトに登録された物件は競売物件ですから、当然割安になっているはずです。そういう意味では買いやすい物件ばかりになっているはずです。ところが一部の物件を除いては全く買い手がつかずに放置される状態になっているのです。

これは中国の人たちの中の意識が随分と変化してきたことを表しています。つまり、上海などの超人気都市であればまだ不動産価格は上昇するだろうけれど、そういう特別な都市を除けばもう不動産価格が上昇することはないというものです。

2020年の12月に中国社会科学院は「中国住宅ビッグデータ分析レポート(2020)」を公表し、不動産価格が「上昇するばかりで下落することのない」時代は終わったと記しました。

このレポートは大都市でも大きな不動産価格の下落が起きていることを認めていて、例えば北京では2017年4月の最高値から15・8%の下落、天津市では2017年3月の最高値から21・8%の下落、青島《チンタオ》市では2018年7月の最高値から22・8%の下落が起こっているとしています。住宅価格が過去の最高値から半値近くまで下落している都市があることさえ公式に認めているという点でも、衝撃的なデータでした。

また、中国人民銀行の党委員会の書記および中国銀行保険規制委員会の委員長である郭樹清氏は、2020年の11月に発表した「現代の金融監督システムの改善」と題した記事において、中国の金融リスクとしては不動産が最大の「灰色のサイ」になっていると指摘しました。

「灰色のサイ」とは、普段はおとなしいサイが一旦暴れ出すと手をつけられなくなるイメージから付けられた言葉です。つまり、日常的に普通に存在してきたものなのに、環境の変化によってとてつもないリスクが顕在化する例えとして、金融業界ではよく使う用語です。想像もしなかったことが思いがけずに起こってリスクが顕在化することを「黒い白鳥」と呼びますが、これとの対比でよく使われる表現です。

不動産価格がバブル的に高騰しているのは、中国の人たちだってわかっていないわけではなかったでしょう。いつかは崩れるかもしれないとの思いも持っていた人が多いでしょう。でもまだ大丈夫なんじゃないかと、大した根拠もなくもう一方で思っていたりもする、そんな感じだったのではないかと思います。ですから、仮に不動産価格がもっと激しく大暴落をしたとしても、それは「黒い白鳥」なのではなく、「灰色のサイ」だということになります。

そして競売サイトで値のつかない物件ばかりが増えている現状は、一部の大都市を除いては、その「灰色のサイ」が既に暴れ始めたと見ることもできます。

中国恒大集団（恒大集団）は中国最大手の不動産ディベロッパーとして知られています。

社員数は14万人で、関連企業や下請け企業も含めると、317万人の雇用と関わっていると言われていますので、想像を絶する巨大企業だということがわかるでしょう。香港に隣接する広東省の深圳市に本社があり、中国の改革・開放路線による経済発展と不動産価格の上昇のメリットを存分に受けて成長してきました。

ですが、昨今はGDPの成長も止まってきて不動産ディベロッパーの経営環境も厳しいものに変わり、さらに民有企業用の銀行融資にも様々な制限が加わることで、財務状況が大きく悪化しました。

このことは恒大集団が発行した社債の金利が物語っています。2020年1月に発行した2種類の社債は合計40億ドル（4000億円）分ですが、金利は11・5％と12％にものぼります。当然ここまで高い金利を払わなければならないのは、恒大集団の経営状態が悪いことがわかっているからです。仮に恒大集団が潰れるような事態になれば、下請け企業などの家族も含めれば1000万人くらいの人たちの生活に直接甚大な影響が及ぶと考えられるのです。

恒大集団は9月7日からの1カ月間に手持ちの不動産を全て30％引きで販売するという大セールに打って出ました。売れ行きの悪い物件についてはさらに最大で12％、つまり42％引きまで値段を下げるということまで打ち出しました。これは中国人民銀行がその2

週間ほど前の8月20日に「三条紅線」という不動産ディベロッパーに対する3つのレッドラインを提示したことと関係すると考えられます。

この3つのレッドラインとは、〈1〉資産負債比率が70％（これを上回るとアウト）、〈2〉純負債比率は100％（これを上回るとアウト）、〈3〉現金短期債比率が1倍（これを下回るとアウト）の3つです。この3つはざっくり言えば、実力以上に借金に頼ったらダメで、すぐに返さないといけない借金については返済が間違いなくできるだけの現金を手元に用意していないとダメだということだと思ってください。恒大集団はこの3つのレッドラインの全てに抵触すると注意を受け、これらをクリアしないと銀行から新規には借入ができなくなると伝えられたわけです。

30％の値引き販売を行った場合に、はっきり言いますが、〈1〉と〈2〉が改善する見込みはないと思います。というのは、もともとの不動産の販売価格の半分以上は実は地方政府に支払う土地使用権の金額だからです。その金額で土地を仕入れ、そこに上モノを建てて販売して資金を回収するようになっているわけです。中国のマンション建設のコスト計算をしたことがないので、あくまでも直感にすぎませんが、30％引きでは利益が出ることはまず期待できなくて、むしろ損失を生むのではないかと思います。それでも〈3〉については間違いなく改善します。値引きでもたくさん販売することができれば手元に現金が貯まるわけですから、返済間近の借金に対する現金の比率は上がります。3つすべてを改善するというよりも、とりあえずレッドラインの1つだけでも改善したという実績を作ろうという意図ではなかったかと思います。

さて、恒大集団というと、怪文書騒動が世間を賑わせたことがあります。これは2020年の8月24日に、つまり恒大集団に3つのレッドラインが示されてから4日後に、恒大集団から広東省政府に宛てて出された書簡だと噂されたものです。この書簡の内容は1カ月後の9月24日にネット上に流出して明らかになりました。恒大集団は流出したとされる書簡はフェイクだとしたのですが、恐らくは本当に広東省政府に送ったものであろうと推測されています。というのは書簡に記載されているデータが非常に詳細かつ具体的でありながら、内容の誤りについてはどこからも指摘がないからです。またこの書簡を受けてのものと思われる恒大集団対策の緊急会議が、広東省政府と主要銀行の幹部の間で開かれたこともわかっているからです。

この書簡によると、恒大集団の負債総額は2020年6月で8355億元（13兆円）で、この借金は中国国内の171の銀行から2163億元、銀行以外の金融機関の121箇所から3864億元、国内で発行した債券額は496億元、海外で発行した債券額が1852億元といった内容が書かれています。借入の上位に来る金融機関の具体的な名前とそれぞれの個別の借入金額についても書かれています。

書簡にはまた、恒大集団は1300億元（2兆円）の元金と137億元（2100億円）の利息を事業提携を前提とする戦略投資家に支払う必要があるが、これらを株式等に交換できなければ資産負債比率は90％を超えることになり、事業の存続が危機に瀕して金融市場で連鎖的なデフォルトが起こるリスクがあるとしています。

また、すでに販売済みだが建設が終わっていないマンションが204万戸あることを示し、資金繰りが回らない事態になったらこれらの引き渡しができなくなり、また金融機関に絶大な被害が生じて金融パニックが起きることになり、300万人を超える雇用が失われて、社会の安定性が損なわれることになるというわけです。このままだと恒大集団は死んでしまうけれどもそれでもいいのか、広東省政府は何としてでも恒大集団を助けるべきではないのかというのは、読み方によっては広東省政府に対する脅しですよね。

恒大集団は抱えている借金を株式に交換できれば、借金が減って自己資本が増えるわけですから、〈1〉や〈2〉を大きく改善させて存続できるという戦略を描いているわけです。そしてこの形になるように債権者を説得してくれと、それができなかったらとんでもないことが起きるぞと、広東省政府に突きつけたわけです。実際恒大集団が潰れるような事態になったら、中国の不動産バブルは完全に崩壊するでしょう。

経営が苦しい不動産ディベロッパーは中国恒大集団だけではありません。中国の不動産企業の中には恒大集団のように苦しんでいる企業が多く存在します。2020年に中国で破綻した不動産企業数は500社近いとされ、2020年の不動産企業の債券のデフォルト総額は281・7億元（4500億円）と、前年比で533％増加しました。巨大不動産ディベロッパーの中だけでも融創中国、緑地集団、新城発展、中梁控股、碧桂園、万科企業はレッドラインを超えている企業とされ、実際2020年10月には緑地集団の資金繰りが一時的に行き詰まりました。これらのうちのどれが破綻したとしても、中国の金融市場に激震が走るのは間違いないところです。

家電量販店などを手掛け、日本のラオックスの買収で名を馳せた蘇寧控股集団（スーニン）の資金繰りがおかしくなってきていることも注目しておきたいところです。ラオックスの買収でわかるように、スーニンは家電量販店などを展開するとともに、近年はネットショッピングにも力を入れている企業です。ただしネットショッピングでは中国第4位に留まっていて、まだそれほどメジャーにはなっていません。

スーニンの創業者である張近東氏は2020年12月4日付で所有するスーニンの全株を担保にしてアリババグループ系列企業のタオバオから10億元（160億円）を融通してもらいました。全株を担保にしているというのは、借り入れできる上限額を借りたということとでしょう。スーニンはグループ企業の中の1社である蘇寧易購だけで負債総額は1000億元（約1兆6000億円）、短期負債だけでも280億元（4400億円）に達しているとされていますから、この借入額では到底間に合わないような資金ショートを起こしているのではないかと見られています。ちなみにこの蘇寧易購というのがスーニンのネットショッピング企業です。

スーニンは帳簿上の利益はプラスなのですが、それは資産売却によるものでしかありません。2017年から2019年の3年間で380億元（6000億円）のキャッシュフローのマイナス（現金の流出）を記録しているというから大変です。

スーニンが苦しんでいるのは、恒大集団へ投資した200億元（3200億円）が回収できていないことが大きいのは明らかなのですが、この恒大集団への投資は実はスーニンが好き好んでおこなったものではないのです。

恒大集団の経営がおかしくなっていることはよく知られた話なので、スーニンとしても決してお金を出したいとは思っていなかったでしょう。ですが、潰すわけにはいかない超巨大企業である恒大集団を助けるようにと中国共産党が「斡旋」してきた場合に、中国の民有企業には断るという選択肢は事実上ないのです。この結果として恒大集団に引き摺られるようにしてスーニンまで経営がおかしくなってしまったというわけです。

こうした付け焼き刃的なごまかしをやることによって、まともな会社まで次々と道連れになっていくのです。全体的な経営環境が悪化する中で、この道連れが顕著に見える形になってきたのが今の中国だとも言えるのです。

さて、不動産の運用においての大切な指標に「投資利回り」というものがあります。これは家賃として回収する場合に年利何%になるのかというものです。例えば1億円の新築物件を購入して賃貸に回した時に、月に家賃が40万円入ってくるとします。この時に家賃収入は年間で480万円になります。そうすると、1億円の投資に対して年間480万円の家賃が回収できるので、この場合の投資利回りは4・8%ということになります。このくらいの投資利回りは東京の新築物件では割と多いのではないかと思います。

では中国のマンションの投資利回りはどのくらいでしょうか。上海、北京、広州では1・6%、天津では1・7%、深圳や厦門《アモイ》では1・2%です。内陸になるともう少し高くなりますが、それでも武漢で2・1%、昆明や西安で2・3%、重慶で2・7%にとどまります。中国の50大都市の中では錦州の3・8%が最高でした。

中国のマンションはメンテナンスがあまりされていません。日本では管理組合のないマンションはほぼないはずですが、中国ではマンションの管理組合が禁止されているという話さえあります。管理組合の会合を建前にして、反政府のよからぬ相談などがあるのではないかという警戒感を中国共産党が持っているからだそうです。それはともかくとして、メンテナンスがなされていないので、マンションの劣化速度が速いということが指摘されています。

こういう事情を背景にして、中国政府の住宅建設部副部長の仇保兴氏は中国のマンションの寿命は25年から30年だと述べています。それなのにマンションを賃貸に出した時の利回りは全国平均だと2％程度です。中国では土地は国有ですから、マンション価格には土地の値段は入っていないことになります。そうなると、マンション寿命の30年間を2％の利回りで賃貸に出したとしても、購入額の6割しか賄えません。

それなのに、住宅ローンの金利は4％を超えています。金融機関からお金を借り入れてそれを賃貸に出しても逆ざやになることを考えれば、中国の不動産価格は合理的な説明ができないほどに値段が高騰していることがわかるでしょう。

では不動産でも商業物件ではどうでしょうか。実はこちらも相当深刻な状態になってきています。中国ではオフィスビルの空室率がどんどん上がっているのです。新浪看点の記事によると、中国の多くの地域でオフィスビルの空室率が40％を越えていて、こうした空室率上昇の波が北京、上海、広州、深圳の4大都市（一線都市）にも襲ってきたと伝えています。

例えば深圳の2020年の第3四半期（7月〜9月）の空室率は公式データでは27・8％に達しました。公式統計によらないで業界関係者に聞いた声としては、深圳の空室率はすでに40％程度ではないかという話も出ています。空室率の増加に伴い賃料が下落するのは必然で、2018年末から2020年末までに23・55％の下落があったようです。

こうしたオフィスビルの供給は今後も続いていくと予想されていて、深圳のオフィスビルは現在総面積が813万平方メートルですが、これが5年後に1613万平方メートルになると見込まれています。つまり5年で倍増するわけです。公式データ通りの空室率であったとしても、587万平方メートルしか利用されていないことになりますが、仮に5年後にこの利用面積が変わらないとすると、占有率が36％ということになり、空室率が64％になるということになります。

仮に深圳でのオフィスビル需要が今後5年間にわたって毎年5％ずつ伸びていくという、かなりの高成長を遂げたとしましょう。この場合でも占有率は48％にとどまり、空室率が52％に達することになります。

さすがにまだ建設工事が始まっていない物件については中止になるものも出てくるでしょうから、ここまで空室率がひどくなることはないとは思いますが、40％程度の空室率になることは覚悟していないといけないのではないでしょうか。

実は深圳は杭州と並んでＰ２Ｐ金融の拠点になっていました。そのためＰ２Ｐ金融が派手にもてはやされている時にはこのオフィスビル需要が非常に大きかったのです。Ｐ２Ｐ金融は派手に発展しているように見せかけるために、贅沢なオフィスビルを用意し、羽振りがものすごくいい印象を与えていました。ワンフロアを借りるどころか、ビルを丸々一棟借り切ってしまって、めちゃめちゃ信頼できそうな外観を用意するようなこともやっていました。ですがＰ２Ｐ企業は相次いで破綻し、どんどんと撤退する形になりました。これにより深圳での高級不動産物件の空室率が急上昇したわけです。深圳の中でもマンハッタンのマネをした「前海」という場所には特にこうした高級不動産物件が集まっていますが、ここのオフィスビルの空室率は既に50％を越えています。賃料は３～４年前の半分くらいになったと言われています。

ただし深圳は４つの一線都市の中で最も状況がよくないところですから、これを他の３都市にそのまま当てはめるのは正しくないとは思います。ですが、２０２０年に上海でも空室率は22％になっていますし、北京でも19・４％まで上昇しています。そして上海ではオフィスビルがどんどん建つ結果、２０２１年の空室率は30％ほどに増えるのではないかと予測されており、オフィスビル賃貸の苦しい時期はまだまだ続くと見られています。

このオフィスビルの空室率がどのくらい深刻なのか、イメージがつきにくいかもしれません。そこで比較対象として東京のビジネスエリア（千代田区、新宿区、港区、渋谷区、中央区）でのオフィスビルの空室率を見てみましょう。東京の空室率は最近急激に上昇しており、三鬼商事の調べでは2020年の11月に53カ月ぶりに4％を突破し、4・33％になりました。この空室率の上昇は日本では大問題とされているのですが、中国と比べたら全然ということになりますよね。

こうした中国のオフィスビルの過剰在庫はどう考えても短期的には解決しそうにありません。不動産ディベロッパーが相次いで倒産して建設計画が全部潰れていけば、新規のオフィス供給がなくなるのかもしれませんが、それはそれで逆に大問題を引き起こすことになります。

中国人民銀行党委員会書紀の郭樹清氏は不動産市場に関連する銀行の融資が現在全体の39％を占めると述べました。これだけ見ても不動産融資に偏っているイメージは持てますが、多分実際にはこんな数字よりももっと大きいのではないかと思います。というのは、2020年の大晦日に中国人民銀行（中国の中央銀行）と銀行保険監督管理委員会（銀保監会）の共同声明として、次のような指令が出ているからです。

銀行の規模別に不動産関連融資の上限額を決め、上限を上回っている銀行には要件を満たすまで最長4年の猶予期間を与えるので、その間に上限額の範囲内に不動産関連融資を抑制しなさいというものです。この中では、例えば大手の国有銀行の場合には、不動産開発業者向けの貸し出しは貸付残高全体の40％まで、住宅ローン融資は32・5％までにすることとされています。言うまでもありませんが、不動産開発業者向けの貸し出しも住宅ローン融資も、ともに不動産市場に関連する融資ですよね。つまり、2つ併せて72・5％までに融資を抑えなさいという指示になっているのです。これは現段階においても、総貸出残高の72・5％以上を不動産融資に回している大手銀行が少なくとも1行はあることを意味しています。恐らく対象となる銀行全部がこの比率をかなり上回っているから、4年間という十分な長さの猶予を与えるので、その間に徐々にでも融資比率を引き下げなさいと伝えているのではないかと捉えるべきではないでしょうか。つまり、39％どころか、本当は80％くらいになっているんじゃないのか、ということです。

確かに銀行の規模が小さくなると、この比率は引き下げられます。とはいえ、大手銀行7行の次に来るレベルの銀行でも、不動産開発業者向け融資は27・5％、住宅ローン融資は20％までとなっており、併せて47・5％に4年間かけてしていきなさいということになりますから、このレベルでも2つ併せて47・5％ですから、実際の不動産関連の融資が50％以上になっているのは確実でしょう。ですので、どう考えても39％を超えていることになります。

さらに言えば、中国ではお金を借りるための名目と実際に何に使うかが一致していないケースが数多くあり、不動産関連以外の名目で借入を行いながら、それを不動産に投じてしまうということも、実は多いのです。ですから、今回のこの数字による規制が実際の有効性をどこまで持っているかは疑問です。

さて、郭樹清氏は以下のような発言を以前に行っていたこともあると、2021年1月の多維新聞は報じています。

この数年、中国不動産市場は下向きの調整を行っておらず、不動産価格が上昇し続けさえすれば、多くの人が投資の好機と考え、不動産企業も引き続き開発投資を行い、不動産市場はさらに拡張を続けることになります。しかしこれは長続きしません。住宅市場は飽和状態になりつつあり、多くの都市で不動産価格の下落が発生し始めています。ひとたび価格の上昇がストップ、あるいは下落が発生すれば、銀行やデベロッパーなどのリスクが顕在化します。これが中国金融市場最大の憂慮です。

中国社会科学院金融研究所金融発展室の元主任である易憲寧氏は、2020年の中国の不動産価格がコロナの抑え込みに成功して、価格もV字回復したと述べつつも、「中国の不動産が急速に回復し、多くの都市で不動産価格が上昇したのは、基本的に投機家の行動によるもので、持続的なものではない」と述べました。そのうえで、「中国不動産市場最大のリスクは、不動産価格の下落だ」と指摘し、不動産価格の下落が「灰色のサイ」であることを郭樹清氏同様に認めました。

債務問題のスペシャリストとして知られるハーバード大学のケネス・ロゴフ教授も、中国の不動産ブームは価格と供給の不均衡を引き起こしており、潜在的な不安定のピークに達したと警鐘を鳴らしています。

不動産価格が下がると、経済には非常に大きな影響を与えます。銀行から融資を受ける場合に、不動産を担保にしていることが多いですよね。例えば評価額1億円の不動産を担保に入れて8000万円くらい借りているということがあったりします。この時に不動産価格が大きく下落して5000万円まで下がってしまったとしたら、明らかに担保不足になります。そうすると追加担保を入れることを銀行から求められたりするわけですが、追加担保に入れられるものなどないということは当然発生します。追加担保を入れられないんだったら、貸していたお金を今すぐ返済してくださいと銀行は求めてきたりします。手元にお金がないから借りているのに、返せと言われても返せないですよね。こうなると、担保の不動産を取られた上で破産するしかないなんてことにもなるわけです。

銀行からしても、8000万円貸していたのに、評価額5000万円の不動産しか手に入らなかったというのであれば、大損ですよね。もちろんこんな破産をする人が一人だけであれば、銀行としては耐えられるでしょうが、不動産価格が暴落すれば、こんな人が次から次へと現れてくることになります。そうすると、担保としていた不動産がどんどん銀行に集まるわけですが、銀行としては不動産がたくさんあっても仕方がないので、これを市場で売却して現金化しないといけないですよね。どこの銀行も現金化したい不動産物件を大量に抱えている状態で、どの銀行も不動産を次々と売ろうとしても、買い手がつくことは期待できません。そうすると、評価額の5000万円でも全く売れない形になり、銀行の損失はさらに拡大することになります。そしてそれはさらなる不動産価格の下落につながり、さらなる悲劇につながっていくわけです。

銀行の損失が広がれば、銀行に預けておいたお金が間違いなく引き出せるのか、みんな不安に駆られます。実際に中国では取り付け騒ぎが時々起こっています。江蘇省の江蘇射陽農村商業銀行、四川省の自貢銀行、河南省の伊川農村商業銀行、遼寧省の沿海銀行、内モンゴル自治区の包商銀行などです。

中国の銀行が非常に多くの不動産融資を行っているのは中国人であればみんな知っている話ですから、不動産価格の大暴落が起これば、いくら政府が「大丈夫だ」と明言したところで、取り付け騒ぎが起きないとは私には思えません。

銀行はみんな資金不足に陥り、何とかして他の銀行からお金を融通してもらおうとするはずですが、みんな同じ状態ですから、お金を集めることができなくなる可能性すら高いです。中央銀行が無理をしてでも貸し出すとは思いますが、こうなると、不動産以外に関してでも銀行からお金を借りることができなくなってしまいます。

不動産価格の下落というのは、不動産を持っている人だけが困るのではなく、このように連鎖的に社会全体に大きな影響を与えていくことになります。中国経済全体が不動産に過度に依存した金融によって支えられてきたと言っても過言ではないですから、不動産バブルの崩壊が多方面に甚大な影響を及ぼすのは避けられないでしょう。

郭樹清氏も、多くの債券や株式、信託投資が不動産市場の動向によって価格が大きく下落するリスクを持っていると述べています。

中国にはすでに35億人分のマンションがあるとされ、石平氏によると空き住戸が11・6億戸もあるとのことですから、明らかに供給過剰になっています。収入の少ない農民工の人たちでもマンション住まいはしているようですが、但し彼らが住むのは日本でいえば「シェアハウス」とでも言うべき状態で、もともとの間取りが3LDKのところにさらに仕切りを入れて、6~7人で住んでいることが多いようです。

中国政府は、こうした空きマンションの床面積も住宅面積として計算に入れた上で、「我が国の一人あたりの住宅面積は先進諸国より広い」と誇っているのですが、どうなんでしょうね。

それはともかくとして、不動産価格の暴落のリスクについて、郭樹清氏とか易憲寧氏といった中国の金融政策の中心に近いところから発せられるようになっているのが、現在の中国の不動産市場の不安定さを如実に物語っています。そして「灰色のサイ」がすでに暴れ始めているところに、我々は注目しておく必要があります。

第四章

米中対立が拍車をかける

嘘を押し通す中国の横暴

2017年にアメリカの新大統領にドナルド・トランプが就任しました。トランプは自らの大統領選挙の政策アドバイザーとして、ドラゴンスレイヤー（反中派）として知られるピーター・ナヴァロ氏を起用し、大統領就任後には新設の国家通商会議の委員長に抜擢しました。ナヴァロ氏の著作の中では、日本語に翻訳された『米中もし戦わば』（文藝春秋）はかなりの話題になりましたので、ご存じの方も多いかと思います。また、トランプの選挙対策の責任者になったスティーブン・バノン氏もドラゴンスレイヤーであり、彼も新政権発足後に首席戦略官に就任しました。こうした人選からも、私はトランプ政権の誕生に心から期待していました。

トランプ大統領が「米中貿易戦争」を仕掛けたことはあまりにも有名ですが、これを「貿易戦争」という位置づけで捉えるのは正しくないというのは、今や常識になってきたかと思います。トランプ政権の問題意識は、中国が自由主義経済の利点を様々に利用しながら、自らは不公正な制度を維持し続けるそのあり方にあったからです。単にアメリカの貿易赤字を何とかしたいといったレベルの話ではありませんでした。むしろ覇権をかけた「米中対決」と言った方が適切だと思います。

中国がＷＴＯ（国際貿易機関）に加盟を認められたのは２００１年でしたが、この時には中国は数年後の市場開放を約束していました。しかしながらこの約束は未だに実現していないのはよく知られたところです。アメリカのみならず、日本でもヨーロッパでもＹｏｕＴｕｂｅとかアマゾンとかが席巻する中で、中国はグレートファイアウォールと呼ばれる情報閉鎖空間の中で、アメリカ発のビジネスの物真似を自国内で立ち上げ、自国産業を育成するというやり方を採用しました。

例えば、中国でのネットショッピングではアリババやテンセントのものは有名ですが、アマゾンは撤退を余儀なくされています。中国に進出する企業には法人税を安くするなどの優遇策はありましたが、中国側との合弁企業という形式が求められ、しかも主導権は中国側に握られ、中国での操業を通じて技術が中国側に流れることを容認しなければなりませんでした。国家自体が知的財産を盗み出すことを国家戦略として追求し、それによって開発コストのかからない製品を生み出し、「自由貿易」を利用して世界中で売りさばくということをやり続けてきました。製鉄などの過剰生産に陥った産業であっても政府の補助金によって救済し、さらに過剰となった鉄鋼などを海外にどんどんと売っていくということもやりました。西側では当然潰れているはずのこうした企業が生き延びて、逆に西側の企業がこれとの戦いに敗れて潰れ、さらにその破綻企業を中国資本が買い取って、「合法」的にその知的財産をやすやすと乗っ取ることすら許されるという理不尽な状況が生まれていました。

こうした不公正なあり方の中で中国は経済力をどんどんと高め、気がついたら世界貿易の中で占めるシェアは1位となり、世界中のどの国も中国との経済的関係を無視することが難しい状況になっていました。中国はこうした力を背景にして自国が有利になる独自ルールを平然と主張するようになり、西側が作り上げたルールをどんどん崩していったのです。これにより自由、民主主義、基本的人権の尊重、法の支配といった西側の価値観が脅かされるようになってきましたが、中国との経済関係を無視することは難しく、中国の横暴はさらにエスカレートするようになっていきました。

例えば、川崎重工とJR東日本が中国に対して新幹線を売り込んだ際に、あくまでも中国国内だけでしか使用できないという前提で技術公開をしたはずでした。ですが、中国で走り始めた新幹線車両「CRH380A」の車両技術について、中国側は「日本の技術を改良した中国独自のもの」という位置づけにして、次々と国際特許出願の手続きまで進め、世界各国に日本の新幹線よりずっと安いことを打ち出しながら売り込んでいきました。中国がそういう国だということは当然理解しておかなければならなかったという点では、日本側のずさんさにも問題があったことは認めなければなりませんが、だからといって中国側に有利に働くように契約内容を無視してよいことにはなりません。こんなとんでもないことが行われながら、日本の政界も財界も中国側に決然とした態度を取ることをせず、中国側にこの程度のことはまだまだ許されるのだということを「学習」させてしまう結果となりました。

南シナ海の人工島建設について、習近平は「軍事利用はしない」と明言していたにも関わらず、一旦建設を完了させるとすべて軍事要塞化を推し進めました。中国が「九段線」と呼ばれる独自の領海線を引いたことに対して、フィリピンが常設仲裁裁判所に提訴した時に中国は完全に敗訴しましたが、中国はこの判決を「紙切れ」だとして取り合わず、今なお完全に無視しています。そして「南沙区」「西沙区」という行政区画の割り当てまで行いました。中国は中国最優先の手前勝手なルールを、世界のルールよりも平然と上位に置くようになったわけです。

そのことをさらに端的に示したのが、「一国二制度」のもとで中国本土とは独立した「高度な自治」を認められているはずの香港に対する中国の扱いでした。高度な自治を保証するという国際公約を守るように求めただけの香港市民数千人が逮捕・勾留されました。中国の香港マカオ事務弁公室のトップは「中国が他国の考えを気にかけたり、他国を尊敬したりしていた時代は過ぎ去り、二度と戻ってはこない」とまで言い放ちました。これは中国共産党最優先のルールを、世界に対して公然と押し付けるようになったことを象徴する発言でしょう。そしてそれは現状の西側の価値観に取って代わる、中国が求めている「世界新秩序」の姿であることを私たちは忘れてはなりません。

中国は築き上げた経済力を軍事力の強化に回して世界の脅威になっていき、近隣諸国への圧迫をどんどんと始め、世界平和にとっての最大の脅威となってきました。もはやアメリカですら安閑としていられない状況になってきているにも関わらず、オバマ政権は中国との対立を避け、むしろ中国との結びつきから経済的利益を受けられることを求めているのではないかと疑われるような行動を取っていたことも、私たちは忘れるべきではありません。その象徴がオバマ政権時代に副大統領だったジョー・バイデンであり、その息子のハンター・バイデンでした。そしてこのジョー・バイデンがアメリカの新大統領として選出されてしまったというのは悪夢です。

私たちが絶対に忘れてならないのは、日本の領土である尖閣列島の上空に中国が防空識別圏を設定した際のバイデンの対応です。防空識別圏というのは領空とは違うのですが、この領域に入ってきたら戦闘機がスクランブル発進して対応するぞという空域です。飛行機の場合には速度が速いので、領空侵犯されてから対応するのでは対応しにくいということがあり、領空の外側に防空識別圏という空域を作ることは認められています。ですが、他国の領空であるところに防空識別圏を設定するなどというのは言語道断です。

日本の飛行機が自国領の尖閣諸島の上空を飛行しても、他国から口出しされるようなことは何もないはずです。ところが中国は日本の飛行機が尖閣諸島の上空を飛行したら戦闘機をスクランブル発進して対処すると言ってきているわけです。

この時に安倍総理は日米共同声明を出して中国をともに非難する立場を鮮明にしてほしいとバイデンに要望したのですが、バイデンは中国が一方的に現状を変えることには日本と一致して反対だと述べつつも、日米共同声明についてはあくまでも拒絶しました。中国の一方的な変更に対する事実上の黙認です。

この裏で、息子のハンター・バイデンと中国は様々な関係を築いていました。例えば、ハンター・バイデンが設立したコンサルタント会社のソーントン・グループは、中国の全国人民代表大会常務委員会や中国政府外事委員会などを顧客としていました。コンサルタント会社としてどんなアドバイスを中国政府に行っていたのでしょうか。支払われた対価が父親への口利きである可能性は否定できないでしょう。

バイデンと習近平との個人的なつながりの深さも特筆すべきものがあります。習近平が中国共産党の次期総書記になることが内定してから、ジョー・バイデンは習近平に急接近しました。２０１１年の年初からの1年半で、習近平とバイデンは8回会い、通訳だけの同席で25時間一緒に過ごし、プライベートな食事もともにしていました。そうした中で習近平はバイデンに中国の「万向グループ」の魯《ろ》冠球《かんきゅう》を紹介しました。「万向グループ」は２０１３年の1月に、リチウムイオン電池の開発を行うアメリカ企業「Ａ１２３システムズ」の買収に成功しました。ちなみに「Ａ１２３システムズ」は米空軍用のバッテリー開発にも携わっていた企業です。この買収には議会の反対が強かったものの、「米国外国投資委員会」（ＣＦＩＵＳ）の審査に合格し、軍事契約を除くとされたものの、「Ａ１２３システムズ」を2億５６６０万ドルで「万向グループ」に売り渡すことが決まったのです。軍事においても非常に重要な先進バッテリー技術が中国に売り渡されました。この中でバイデンやオバマの影響力が強く働いていたのは、想像に難くないところです。

　この「Ａ１２３システムズ」のバッテリーを利用してプラグインハイブリッド車の生産に乗り出していた「フィスカー」は、米エネルギー省の「先端技術車製造ローンプログラム」（ＡＴＶＭ）に採用されて、約5億２９００万ドルという巨額の融資を受けました。「フィスカー」が工場用地としたのは、バイデンの出身地であるデラウェア州ウィルミントンであるため、この採用には当時のバイデン副大統領が絡んでいたのは確実視されています。地元の雇用に大いに貢献する「フィスカー」の工場誘致は、地元からも大歓迎されました。そしてこの「フィスカー」が壮絶な破綻をした際に、この「フィスカー」を買収することで救ったのも「万向グループ」でした。「A123システムズ」の買収が中国側の利益につながるものであったとすれば、この「フィスカー」の買収はバイデン側の利益につながるものでした。このように「万向グループ」を通じる形で、習近平とバイデンは持ちつ持たれつの関係を築いていたわけです。

2006年にハンター・バイデンは叔父のジェームズ・バイデン（ジョー・バイデンの弟）と共同で「パラダイム・グローバル・アドバイザーズ」というヘッジファンドを買収しました。このファンドへの「投資」という建前で、外国からのバイデンに対する政治献金を受け入れるスキームにしていたというのは、公然の秘密です。ジェームズ・バイデンは従業員に対して「（このファンドに投資する）投資家のことを心配するな。ジョー・バイデンに投資したい人は世界中にいる」と述べたとされ、この発言が問題視されたこともありました。

ハンター・バイデンと中国のエネルギー会社の中国華信能源（CEFC）とのズブズブの関係はあまりにも有名です。ハンター・バイデン側に年間10億円以上の報酬が発生する仕組みができていて、ここに父親のジョー・バイデンも絡んでいたことを示すメールまでもが表沙汰になりました。このメールが本物であることは、ハンターのビジネスパートナーだったトニー・ボブリンスキー氏が記者会見で公言しました。ハンター・バイデン側がCEFCと共同して設立したBHR Partnersは、ウイグルなどで人権弾圧に使われている顔認識プラットフォーム「Face++」を開発しているMegvii（北京曠視科技有限公司）に投資していることでも知られています。

このようにバイデン一家と中国、特に習近平とは非常に深い関係にあり、そのことが日米安保体制にまで影響を及ぼしていたという事実を、私たちは決して軽視してはいけないと思います。

ともあれ、オバマ政権までの歴代アメリカ政権は中国との強い経済的な関係を築き、そこから甘い汁を吸っていたと言えます。これに対して本来のルールを無視して手前勝手に自己権益を拡大しようとする中国のあり方を黙認し、これ以上のさばらせるようなあり方は絶対におかしいということで立ち上がったのがトランプであり、彼が行った4年間の政策はこうした点で公正に評価されなければならないと思います。

トランプ「中国との戦い」の本当の意味

トランプ大統領が就任して3カ月後の2017年4月には、早くも習近平を招いての米中首脳会談が開かれました。ここでは貿易不均衡の問題を解消するための「米中包括経済対話メカニズム」（包括経済対話）を立ち上げることが合意され、アメリカからの対中輸出を増やすための「100日計画」を中国側が策定することが取り決められました。100日間待つので、その間にどうやって米中の貿易不均衡を小さくするのか、まとめてくれというアメリカの要求を、中国側が飲んだということになります。しかしながら100日経過後の同年7月に行われた閣僚級による「包括経済対話」の交渉では、共同声明どころか、記者会見もできない形で決裂しました。つまり、この時の中国側の提案には実質的な中身がなかったということです。さらには、対中貿易赤字は減るどころか逆に増えてしまうという有様で、皮肉なことに2017年のアメリカの対中貿易赤字額は過去最高の2758億1000万ドルまで増えてしまいました。このことは、中国がこの状況を改善する意思など全くなく、そのための努力も何もしていないことをはっきりさせたとも言えます。ただし、中国側が交渉に応じるような顔をしながら引き延ばし戦術に出ていくことは、トランプ政権はもともと予想していて、そのことも計算の中に入れた上での対応まで考えていたものだと思われます。

というのは習近平が訪米した2017年4月の段階で、トランプ大統領は商務省に対して通商拡大法に基づいた輸入の実態調査を既に指示しており、2018年になってその調査がまとまったのを受けてから、関税の引き上げなどの方針を次々と打ち出していったからです。知的財産侵害を理由として発動した包括通商法301条も、「包括経済対話」の決裂を受ける前からUSTR（米国通商代表部）が調査に入っていたという話もあります。

トランプ側が習近平側に求めていたのは、アメリカからの輸入の拡大、外国企業と中国企業との間の差別の撤廃、人民元を切り下げての輸出競争力の確保の禁止、不公正な産業補助政策の是正、知的財産権の保護、中国進出企業の自由な活動と財産権の保証、中国への投資制限の撤廃、人民元とドルとの自由な交換の実現などでした。

オバマ政権時代にもアメリカ側が中国側に要求してきたことは様々あったのですが、その善処を中国側が約束しながら、実際の行動にはほとんどつながりませんでした。「太陽政策」を実施していれば中国はやがて変わるであろうという従来の政策スタンスが現実には全く効果を持たず、単に中国を増長させただけに終わっていたことがはっきりしていました。そうした過去の総括の上に、「100日」などといった時間を区切り、その間に中国側の実行が伴っていなければ制裁を加えるという条件を付すことによって、中国側が口先だけで逃げることを許さない姿勢を鮮明にしたのがトランプでした。

トランプ側の要求には、中国が共産党体制であることを前提とした場合に絶対に飲めない条件があったのは事実です。その中でも決定的だったのは、人民元とドルとの自由な交換を求めたことです。こんなものが実現したら、その時点で中国は崩壊です。人民元を外貨に替えようとする動きを止められなくなり、中国共産党の中国経済へのコントロールの有効性が失われることになります。不動産バブルは崩壊し、今まで積み上がってきた巨大債務が中国経済を抹殺します。

こう聞くと、「やっぱりトランプ大統領は無茶な人だったんだな」と感じてしまうかもしれませんが、そうではありません。実はこの責任は中国側にあったからです。人民元をSDR（特別引き出し権）の構成通貨にするために、そんな絶対できもしないことを口約束してきたのが中国でした。この中国の矛盾に対して、「言った約束はちゃんと守れよ！」と、トランプは正面から切り込んでいったのでした。

中国は「世界の工場」と呼ばれるほどの製造業大国になっていましたが、最先端分野の製造業はまだアメリカや日本に追いつけていないところが数多くあります。この中で中国は国家戦略として「中国製造２０２５」を打ち出し、西側の技術に依存しないで自前の技術で必要なもののほとんどを作り出せる先進技術力を持った製造立国を目指す方針を示しました。これが実現してしまっては中国の横暴を止めることができないとして、この実現阻止を図るというのがトランプ政権の目標になりました。

アメリカは国防予算と関わる国防権限法（２０１９）において、まずは中国の通信機器大手のファーウェイ、ZTE、監視カメラ大手のハイクビジョン、ダーファ、警備用途などの特定通信大手のハイテラの5社などの中国政府が支配的な立場を持つ通信・監視機器の企業の製品を「本質的・実質的」に利用している企業とアメリカ政府関係機関との取引が禁止されました。ちょっとわかりにくいかもしれませんが、中国の通信・監視機器の企業の部品などを例外的とは言えない感じで利用している製品の場合には、たとえアメリカ企業の製品であってもアメリカ政府関係機関との取引はできませんよということです。

例えば最近の車だと、バックする時に車の後方の状況を映し出すモニター機能が付いているのは普通のことになりましたよね。あのモニター機能に中国の通信企業の製品（ないし部品）が組み込まれていることは当然ありえたわけですが、そんなものを使っている車はアメリカ政府関係機関が購入するわけにはいかなくなりましたという話です。バックする際のモニターだとされている機器に実は盗聴機能が密かに仕込まれていて、車内部での会話を聞き取って中国側にデータとして送るということも、技術的には可能であるという判断なのでしょう。

そしてこの禁止規定が発動した1年後には、これらの会社の部品を一部組み込んだ商品を利用している企業との取引すら認めないという厳しい処置に引き上げました。ちょっとピンと来にくいかもしれませんが、これは厳格に扱えば、中国進出企業との取引を事実上認めないとするくらいに厳しい処置です。というのは、例えば中国の工場で監視カメラを設置しているとすれば、ハイクビジョンやダーファなどの中国企業のものを使うというのが普通の話になるわけですが、そういう製品を自社内で使っている企業とアメリカ政府関係機関との取引は認めないとしているからです。中国進出企業ではなくても、インターネットを利用する際に中国製のルータを使っているとか中国企業が作ったスマホを使っているとかは普通にあることですから、こういうところもきちんと気をつけないといけなくなります。

アメリカ政府との取引があれば、インターネットを介したアメリカ政府とのやりとりもあるはずです。そうしたアメリカ政府とのやり取りが中国の通信機器を通じて中国側に漏れる可能性があります。つまりアメリカ政府内部のネット空間にウェブを介して侵入できる可能性があり、それも止めたいということでしょう。そしてこれはアメリカ企業だけでなく、日本企業などアメリカ国外の企業にも大きな影響を及ぼすことになりました。

アメリカはこの国防権限法（2019）の一部として外国投資リスク審査近代化法（FIRRMA）を成立させて、外国企業がアメリカ企業を買収・出資する際の投資審査を厳格化しました。以前でも対米外国投資委員会（CFIUS）が外国からの投資の審査を行っていましたが、FIRRMAによってこの審査が抜本的に強化されました。技術の進歩に伴い、民生用と軍事用の技術の境目が曖昧になっている中で、「民生用だから」という理由で規制をかけないのはおかしいのではないかという問題意識がトランプ政権側にはあったのです。また、空港、港湾、軍事施設などに隣接する不動産の売買についても審査対象とするなど、技術分野の投資だけに対象をとどめないように適応範囲を拡大させました。審査を行うCFIUS自体の体制強化も盛り込まれました。

規制対象国は「懸念国」扱いのD国群と、テロ支援国とキューバからなるE国群に限定されましたが、包括的武器輸出禁止国、つまり武器輸出先として全面的に認めない国に指定されている中国もD国群の1つとして当然この中に入りました。

アメリカが武器輸出禁止国に指定している国からのアメリカの先端技術企業などへの投資については、経営権を握るまでには至らないような「非支配的な投資」についても全面的に禁止となり、「中国製造2025」を実現するために、アメリカの先進技術企業への影響力を拡大していこうとする中国の戦略には大きなダメージになったのは確実です。バイデンが働きかけたと思われる、アメリカの先進バッテリー技術開発企業が中国の影響下に落ちるような事態は、これによりもう起きないようにされたわけです。

さらにアメリカはこのFIRRMAと同様に国防権限法（2019）の一部として輸出管理改革法（ECRA）も成立させました。これは軍事技術や戦略物資の輸出を厳しく制限するための法律です。

ＦＩＲＭＡが中国がアメリカに投資するのを規制して、アメリカの先端技術が中国に流れていかないようにしようというものだったのに対して、ＥＣＲＡは中国に先端技術や先端技術を使った製品を渡さないようにしようというものです。

従来もアメリカ商務省は軍事転用可能な品目についての輸出について管理はしてきたのですが、これを抜本的に強化しようというのがこのＥＣＲＡです。新興技術14分野が対象となり、これは「中国製造２０２５」で中国が強化を目指している分野をカバーしています。かつて対ソ連を対象とした「対共産圏輸出規制」（ＣＯＣＯＭ）というものがありましたが、ＥＣＲＡはこれの対中国版の位置づけで、非常に強力なものです。アメリカの安全保障上の問題から禁輸処置対象となる企業のリスト（エンティティ・リスト）を用意し、こうした企業への輸出は原則禁止にするというものです。

このＥＣＲＡに対しては、アメリカの民間企業から非常に強い反発がありました。「グローバルサプライチェーン」とよく言われますが、製造業は世界全体での分業体制で生産が成り立っているところがあります。ＥＣＲＡは中国抜きの製造業はもはや考えられないところまで来ているという現実を無視しているのではないかとか、アメリカだけが厳しい規制を敷いてしまえば、逆にアメリカを除外したサプライチェーンが作られることになり、アメリカの国益に反するのではないかとか、規制を厳しくした場合に企業にのしかかってくる負担の大きさを政府は無視しているんじゃないかとか、様々なものがあります。このため14分野についても適応範囲をなるべく小さくするようにロビー活動が展開され、この分野においてもさらに限定的な技術のみが適応対象になるように絞り込まれる形となりました。

実は新興技術以外に従来から存在する技術の中でも基盤となるものについても規制対象に加えるとしていたのですが、こちらは具体案が出せないくらいに反対勢力に押し込まれてしまったというのが実際です。

ところで、アメリカの技術を一部含む製品を日本で生産して、日本から中国に輸出できるなんてことが仮に許されるようであれば、ECRAの規制をすり抜けることが可能になってしまいます。そこで当初は米国技術が25%以上含まれる場合はダメとされ、それではまだ甘いということで、10%以上含む場合もダメとされる方向に強化されていきました。

ECRAには「エンドユース規制」というものも入っています。例えば、中国に売ったら問題になるものをカンボジアに売ったとします。ですが、買ったカンボジアの会社が中国の会社に転売しているかもしれません。「売り先はカンボジアだから、違反していないよね」といいたいところですが、問題の商品が最終的にどこまで行ったのかもきちんと押さえていないといけなくて、結局中国の問題企業のところに入っているのであれば、それはダメですよという話です。規制対象品であれば、最後の行き先まで確認しなさいというのが「エンドユース規制」です。

「みなし輸出規制」も重要です。製品そのものの輸出はしていなくても、どうすれば作れるかの技術を教えることはできたりもします。簡単に紙に書いて示すというのはなかなか難しいのかもしれませんが、例えば技術者が現地に行って作り方の指導をするとかであれば、十分にできそうな気はしませんか。製品輸出ができないための裏技として、こうした技術指導の類もありうるわけですが、これも認めないというのが「みなし輸出規制」です。ですので、例えばファーウェイなどの中国企業との共同研究といったものをやるといったことは、もはやできなくなっているわけです。かなり強烈ですね。

ただ、この適応範囲はどこまで行くのかというのは問題にはなっていて、例えばアメリカの企業とアメリカの大学が共同研究を行うような時に中国人留学生がいるような場合の扱いをどうすればいいのかとか、研究所で働いている中華系アメリカ人の場合にはどうするのかなんてことも問題になっています。中華系アメリカ人でも中国との関係が切れていないことはよくありますし、二重国籍になっていることもありますよね。実際彼らが退社後に中国企業に渡ってしまうことも多いということもあり、こういう点も無視できないわけです。ですが、米国市民としての権利を彼らから剝奪することが法的に許されるのかとか、今からアウトだと言われても、すでに雇っている研究者をなくすことはできないといった現実問題もあります。そして規制を厳格にすればするほど、必要となる許可申請の数がどんどん増えていき、それに対応する人員やコストもバカになりません。能力的に優秀な人材を採りたいのに、採用できなくなって企業の競争力が落ちるのを手をこまねいているというのかといった不満も当然上がってきます。そうした大きな反発を乗り越えてECRAが作られているというのは知っておいてよいかと思います。

ではECRAの規制に違反したらどうなるのでしょうか。この場合には、アメリカ商務省の「取引禁止顧客リスト」に記載され、アメリカ企業との取引ができなくなったり、アメリカ技術が含まれた製品・部品の供給を受けられなくなったりすることになります。これは違反すると企業の存続に直結する問題になりかねないですね。それゆえに守られるだろうというわけです。

米中対立では関税の報復合戦のことが大きく取り上げられる傾向にありました。確かに中国での生産に大きな関税がかかることが、生産拠点を中国から移転させようという動きにつながった部分もあり、その点の効果も大きかったといえます。

ですが、国防権限法、外国投資リスク審査近代化法、輸出管理改革法といった法律によって中国の手足を縛るという動きが強められていったことも非常に大きかったと言えます。ただし、これらはアメリカなどの企業の手足も大きく縛るもので、人気のない政策だったということも忘れるべきではないでしょう。

これらは全部法律だから、トランプ政権よりも米議会の動きだと指摘する向きもあります。確かに法律を決めるのは議会であって大統領ではないので、その点では一理あります。ですが、なぜオバマ政権の時にはそんな動きがなかったのに、トランプ政権になって一気にこういう動きになったのかを考えれば、トランプ政権のリーダーシップによって議会の流れが大きく変わることになったことを無視してはいけないのではないかと思います。もちろん、習近平が強引な力による解決を香港などで推し進め、国際公約にしていた「一国二制度」を完全に踏みにじる姿を晒したことも大きかったでしょう。

アメリカはさらにこの流れを同盟国にも適応するために、中国の知的財産権侵害や助成金供与などの慣行を容認するような貿易協定の締結をさせないように動きました。その出発点はアメリカ・カナダ・メキシコの間で結ばれていた北米自由貿易協定を全面的に改定した「アメリカ・メキシコ・カナダ協定」(USMCA)です。

これはもちろんカナダやメキシコを同じ陣営に引き込むことを狙っているわけですが、トランプ政権が別の政権に変わったとしても、この条約の改定をしない限りは、アメリカ自身もこの内容に縛られるということになります。バイデン政権は中国との融和的な姿勢に動こうとするでしょうが、この協定によって縛られている部分もあるというのは知っておいていいのではないかと思います。

実は2018年9月に安倍総理とトランプ大統領が一緒に発表した日米共同声明の中にも、「日米両国は上記について信頼関係に基づき議論を行うこととし、その協議が行われている間、本共同声明の精神に反する行動を取らない」との文言が盛り込まれ、やはり対中政策での融和的な動きがしにくい条件が突きつけられています。

ちなみにこの時の日米共同声明にはこんな条項が書かれています。

日米両国は、第三国の非市場志向型の政策や慣行から日米両国の企業と労働者をより良く守るための協力を強化する。したがって我々は、WTO改革、電子商取引の議論を促進するとともに、知的財産の収奪、強制的技術移転、貿易歪曲的な産業補助金、国有企業によって創り出される歪曲化及び過剰生産を含む不公正な貿易慣行に対処するため、日米、また日米欧三極の協力を通じて、緊密に作業していく。

「非市場志向型の政策」、「知的財産の収奪」、「強制的技術移転」、「貿易歪曲的な産業補助

金」、「国有企業によって創り出される歪曲化」、「過剰生産を含む不公正な貿易慣行」といった言葉から、名指しは避けていますがここで言う「第三国」が中国であるのは明らかですね。

中国のこうした不公正なあり方を容認するような動きは日本政府もやってはいけないという縛りをつけたのです。そしてこれに反すれば、例えば日本からアメリカへの自動車輸出に高い関税を掛けられるような制裁を受けても文句は言えないというわけです。

そして日本もアメリカに歩調を合わせて、外国投資家が日本のあらかじめ指定された上場企業の株式を全体の株式数の1％以上取得しようとする場合には、事前届出が必要だとする外為法の改正を行いました。なお、外国人でも事前届出が不要な要件というものも定めていますが、事前届出をしなかった場合には、役員就任や非公開の技術情報へのアクセスが禁止され、先端分野の事業の譲渡や廃止を株主総会で提案できないことにしました。これにより、中国側が日本の先端技術などを持つ企業に影響力を行使して、自分たちの支配下に入れることができなくなりました。日本の技術防衛はまだまだ弱いとは言えますが、それでも着実に前進しています。

では、こうした中国包囲網によって、どんな影響がでているのでしょうか。これがファーウェイに与えた影響に絞って簡単に見ていきましょう。

ファーウェイ製のスマホにはＧｏｏｇｌｅ（アルファベット）のアンドロイドＯＳが搭載されていましたが、このＯＳ供給が停止されました。Ｇｏｏｇｌｅはハードウェアの供給も技術支援も停止するとしています。半導体設計の自動化ツールの提供企業である、シノプシス、ケイデンス、メンターや、半導体設計大手のアームも取引を停止し、ファーウェイの半導体設計事業が打撃を受けました。半導体製造大手のＴＳＭＣ、サムスン、ＳＫハイニクスなどがファーウェイ用の半導体の提供を停止し、必要な高性能半導体の入手も絶たれました。サムスンディスプレイ、ＬＧディスプレイなどがファーウェイのスマホ向けのディスプレイの供給を停止しました。ファーウェイは２０２０年の後半になるとスマホの販売の落ち込みが急激になり、２０２１年はさらなる苦境に陥ることが予想されています。

携帯電話の基地局市場ではファーウェイは世界全体の35％以上のシェアを握っていて圧倒的な1位でしたが、通信の安全性に対する疑いが広がったことで、西側を中心にファーウェイの基地局排除の動きが強まってきました。アメリカ、日本、イギリス、オーストラリア、インドがファーウェイ排除を事実上決定し、ＥＵも排除の方向に向かっています。高性能半導体の入手ができなくなり、5G基地局を提供できる能力が疑われるようになれば、ファーウェイにわざわざ発注するということも少なくなっていくのでしょう。2位以下だった基地局各社は、ファーウェイが失った市場の獲得に向けて動いています。そもそも5G基地局整備に必要な高性能半導体の供給が絶たれている中で、いつまでファーウェイが基地局を提供し続けられるのかは疑問です。

ファーウェイはAIとか自動運転などの先端技術研究も進めていましたが、これに必要な高性能半導体が入手できない状態では、こうした研究を進めることも難しくなっています。トランプ政権が仕掛けた米中経済戦争においても、半導体と通信をめぐる戦いはその最も大切な部分だったと言えるでしょう。中国はファーウェイによる通信の世界支配を目指してきましたが、これを許してしまうと中国共産党は世界覇権の夢に手が届くような状態になったかもしれません。ですが、トランプが仕掛けた米中経済戦争のおかげで、中国共産党の野望は大きなダメージを受けました。トランプ政権が1期4年で終わってしまったのは大変残念ですが、しかしこの4年間に果たしたトランプの功績の大きさは決して軽視してはならないと思います。

進む中国外しの影響

さてトランプ政権は、日本、韓国、オーストラリア、インド、ニュージーランド、ベトナムに声をかける形で「経済繁栄ネットワーク」（EPN）構想を打ち出しました。インド太平洋地域で、中国企業を排除した経済網を作っていこうとする構想です。これは日本の安倍前総理が提唱した「自由で開かれたインド太平洋」を目指すセキュリティー・ダイヤモンド構想とつながる考えです。

中国は国家戦略として知的財産の窃取を進め、ウイグル人や農民工などの奴隷的な労働を許し、環境汚染の垂れ流しを容認しました。政府の産業補助金で国内企業を支え、不当な経済競争力によって世界に対して輸出をどんどん進めてきました。これに対して知的財産権をきちんと守り、奴隷労働を行わせないよう労働法規を遵守し、適切な環境保全を行い、不当な政府補助金などもないという公平な競争条件が確保できる国々の中でサプライチェーンを作るべきで、こうしたことを守れる国同士でお互いの経済が反映していくネットワークを作っていこうというのが、ＥＰＮ構想です。

今回のコロナ禍では、中国にサプライチェーンを依存することのリスクが顕在化しましたね。衣料品、おもちゃ、プラスチック製品といったものばかりでなく、マスクなどの医療物資や医薬品といった生命に直結する商品までが中国の供給に頼りっきりになっていることが露呈しました。さらに中国共産党による経済統制の凄まじさを見せつけられ、輸出契約が済んでいたはずの医療物資の出荷が突然政府によって止められるといった事態も起こりました。自分たちの生命に関わる事態が生じて、のんきに中国に生産拠点を委ねておいていいのかという問いかけが真剣になされるようになったわけです。

しかも「中国のマスクが欲しかったら5Gでファーウェイの基地局を導入しろ」とか、「貴重な医療物資を分けてやるんだから中国に感謝しろ」みたいな居丈高な戦狼外交を中国が展開し、これに対する反発も高まりました。さらに新型コロナウイルスの発生源について独立した調査を求めたオーストラリアに対して、牛肉、大麦、ワイン、ロブスター、石炭の輸入制限処置を講じることまで中国は行い、中国の怖さというものをまざまざと見せつけました。

今回の新型コロナについては、中国の武漢ウイルス研究所から漏れたものだという証拠をアメリカが握っていることについては、退任直前にポンペオ国務長官が明らかにしましたが、これは今後も中国発の新たな疫病の流行が発生する可能性が十分にあることを意味します。非常事態に備えたサプライチェーンの構築が必要だという理解は、このコロナ禍で急速に広がったともいえるでしょう。

ただ、トランプ政権期に語られた「自由で開かれたインド太平洋」が、本音では親中であるバイデン政権がどこまで引き継いでいくことになるのかは、まだわかりません。2020年11月に菅総理と電話会談を行ったバイデンは、「自由で開かれたインド太平洋」の代わりに「繁栄し、安全なインド太平洋」という表現に置き換えています。「自由で開かれた」

は、自由がなく開かれてもいない中国を牽制する言葉でしたが、それを敢えて外す表現をバイデンは使ったのです。ここにはEPN構想を骨抜きにしようというバイデン政権の意思が暗示されているのは容易に想像できるでしょう。ただしその後、トランプ政権が「自由で開かれたインド太平洋」についての機密文書を公開し、バイデンがないものとして扱おうとした内実を世界に公表したことで、流れが変わりました。正式に大統領に就任してからの菅総理との電話会談では、バイデンは「自由で開かれたインド太平洋」の言葉に戻しています。

またバイデン政権がどんなに親中的な方向に舵を切りたいと思っても、香港の一国二制度がかつての状態に戻ることなど期待できないという現実もあります。さらにトランプ政権は最後の最後まで対中政策のハードルを上げ続けました。例えば、ポンペオ国務長官は退任前日の2021年の1月19日に、中国政府による新疆ウイグル自治区における少数民族ウイグル人らへの弾圧を、国際法上の犯罪となる「ジェノサイド(民族大量虐殺)」に認定すると発表しました。このポンペオのハードルの引き上げによって、バイデン新政権のブリンケン国務長官も「ウイグル人に対してジェノサイドが行われたという認識は変わっていない」と答えざるをえなくなりました。

中国でどんどん強化される習近平独裁体制はますます西側の警戒心を高めていくような

政策を行っていくでしょうし、それに対するアメリカ国民の反発も当然湧き上がることになるでしょう。また、トランプ政権が4年間で積み上げた様々なハードルを、バイデン政権が崩していくとしても簡単には進めません。例えば、ファーウェイに対する規制は米商務省が「ファーウェイは安全保障上の脅威ではない」と議会に証明して承認を受けるまでは、解除できない仕組みになっています。中国側がファーウェイに対する規制の解除をいくらバイデンに要求したとしても、そしてバイデンがその要求に応えたいと心のなかでどんなに強く思っていたとしても、それを実現することは事実上不可能でしょう。

4年間のトランプ政権の動きによって、中国は先端科学技術開発がほとんど進められないところに追い込まれました。それは高付加価値生産にシフトしていこうという中国の国家戦略を叩き潰す役割を果たし、あくまでも中国の産業がローテク中心にとどまる状態を作ったとも言えます。こういう観点から見ても、トランプ政権が果たした役割は実に大きいと言えるのではないでしょうか。

中国企業が米上場廃止へ

2020年の12月に米下院はアメリカで上場する外国企業に対し、規制当局による会計監査状況の検査を義務付ける法案を全会一致で可決しました。3年連続で拒否すれば上場廃止となります。

これは中国企業を狙い撃ちにしたものだと一般には報じられていますが、この表現はあまり正確ではありません。中国企業だけになぜか認められてきたありえない特権を今回剥奪することにしたというのが正しい見方で、中国企業も他の国の企業もアメリカ企業も平等に扱うことになったというべきでしょう。

本来上場企業には投資家保護の見地から正確な会計検査が義務付けられているのは当然の話です。それには米国企業であるか、外国企業であるかなど、全く無関係の話ですよね。中国企業がアメリカに上場している場合には、中国国内の監査法人が監査するだけでよく、アメリカの会計監査委員会が資料提供を求めても拒否できるという方が異常だったということにならないでしょうか。

こんなおかしなことがまかり通ってきたのには裏事情があります。体力のなくなってきたアメリカの上場企業を中国企業が買収して、アメリカでの上場資格を裏口から手に入れる手法が2005年頃から広がってきたのです。こうした裏口上場が実現すると、買収を仲介した投資銀行に莫大な手数料が転がり込み、上場案件に関わる法律事務所も会計事務所も儲かったのです。当時は中国は年率2桁の高い経済成長を見せていましたから、勢いのある中国企業への投資はアメリカの投資家たちからも歓迎された側面もありました。

２００１年にエンロンというエネルギー企業の大胆な不正会計が発覚したことをきっかけにして、上場企業に厳格な財務内容の開示や内部統制を求めたサーベンス・オクスリー法が翌２００２年に制定されました。一見とてもいいことのように思えますが、これが上場企業に大きな負担になってしまいました。上場を維持するには膨大な内部監査と報告書の作成が必要になり、手間とコストが格段に大きくなったからです。この負担を嫌って上場企業数はどんどん減少していました。こういう状況になって、証券取引所も中国企業の裏口上場を歓迎していたという事情もあったのです。

中国政府は企業の経営や財務に関する情報を国家機密的な扱いにし、関係書類を国外に持ち出すことを禁止しています。このため、中国企業は中国の法律を盾にして書類の提出を拒否してきました。それでも中国企業の上場を認めた方が何かと都合のいい勢力が強かったために、こうした勢力の後押しによって、中国企業には抜け穴的な特例を認めるようになってしまったのです。この結果、米証券取引委員会はこうした中国企業への監査ができない状態になりました。

そのため中国企業は売り上げや利益の捏造のやりたい放題で、例えば北京に本社を置く「デュオヤン・グローバル・ウォーター」は売り上げを80倍に膨らませた監査報告書を提出していたことが発覚して、上場廃止になりました。中国企業からすればアメリカの投資家から多額の資金を集めてホクホクだったのでしょうが、当然ながらアメリカの投資家には大損害をもたらしました。

実はこうした不正会計が発覚してアメリカで上場廃止になった中国企業は100社を超えています。つまり、「デュオヤン・グローバル・ウォーター」のケースは決して一部の例外などではないのです。

今回遅まきながらこのような法律が成立したことに対して、中国政府は「道理のない政治的な抑圧だ」と強く反発していますが、こんなデタラメがこれまで認められたこと、また状況の改善のために中国政府がほとんど手を打ってこなかった方が異常だと言えるのではないでしょうか。こうした流れを受けて、例えばアリババはアメリカを避けて香港市場で上場して資金調達を行いました。アメリカでの資金調達は今後できなくなるという判断でしょう。

こうした中国企業の特殊性を見た場合に、西側の金融から中国企業が排除されていく流れは当然の話になるわけですが、これは最終的に中国企業の存立に大きな影響を与えていくでしょう。

ただ、バイデン政権の誕生によって少し雲行きが変わってきたところもあります。中国の通信大手3社（携帯電話会社）のチャイナテレコム、チャイナモバイル、チャイナユニコムの3社の上場廃止は2021年の1月5日ないし7日に行う予定になっていたのですが、バイデン政権の意向に従って上場を継続する方向に転じました。口では中国と対決するようなことを言いながら、実際には親中派のバイデン政権の内実を如実に示したものではないかと思います。アメリカ国民にはバイデン政権の厳しい監視を望みたいところです。

第五章

崩壊——習近平が経済を止める

人口大減少で年金財政が破綻する

すでに述べたことですが、中国には戸籍による格差・差別が厳然と存在しています。生まれによって農村戸籍（農業戸籍）と都市戸籍（非農業戸籍）に分けられていて、農村戸籍の人は「農民工」と呼ばれる出稼ぎ労働者として農村から都市に移住しても、その都市の住民としてのサービスは受けられないようになっています。彼らはその都市からすれば「よそ者」として扱われるのです。

戸籍は大学進学にも大きな影響を及ぼします。例えば北京大学に進学する場合には、北京市の都市戸籍を持っていると圧倒的に有利になります。地方の農村戸籍所持者の場合には、都会にある有名大学への進学で圧倒的に不利になってしまわざるをえません。

さらに同じ一流大学を出たとしても、就職の条件として都市戸籍保持者であることが求められることも多いのです。このため、農村戸籍であるために、北京市の都市戸籍を持っている人よりも何倍も苦労して北京大学に進学したのに、就職の段階では北京市の都市戸籍を持っている人には全く敵わないという理不尽なことさえ起こります。

中国には「蟻族《ありぞく》」と呼ばれる人たちがいます。彼らは地方の農村戸籍出身者で、一族の期待を背負って都会の大学に進学しました。しかし農村戸籍であることがネックとなってまともな就職ができず、無理して進学させてくれた田舎の親に合わせる顔がなくなり、狭いアパートで仲間数人と共同生活をしながら暮らしている人たちです。

こうした農村戸籍の保持者が一発逆転で都市戸籍を取得できる裏技はこれまでもありましたが、それはその都市の高額マンションを購入することでした。とは言っても、例えば北京のマンションだと1億円以上するのが当たり前になっていて、年収が20万円とか30万円でしかない一般の農村の人たちにはとても手の届かないものです。親戚筋などからお金をいっぱい集めて借りたとしても、買える人は限られています。こういうわけで、このやり方はもともと貧しい農村戸籍の保有者にはなかなか使えない裏技でした。

随分とひどい制度だなと思うでしょうが、これには都市側の言い分もありました。「貧しい農村の人間がどんどん都市に入ってくると、都市の治安が乱れるではないか。そのコストを我々が負担するというのは理不尽だ」というものです。人口をある程度固定させることで治安維持を図るというのは、都会が巨大な労働力を必要とすることのなかった改革・開放以前の中国社会では、人道的な議論は別にして、それなりの合理性があったのも事実でしょう。

改革・開放によって工場が立ち並ぶようになれば、都市住民だけではとても労働力が間に合わず、農村人口の活用が求められるようになりました。都市に産業が勃興し、農村から農民工がどんどん移住してくるようになれば、拡大する人口を相手にする商業サービスもどんどんと発展していきます。出稼ぎ労働を行う農民工は工場労働者として従事するイメージから「農民工」と呼ばれるようになったわけですが、商業サービスに従事する「農民工」もどんどん増えていくことになりました。

こうなると農村戸籍と都市戸籍を区分する理由は表面的にはなくなったわけですが、農民工を安く使いたい立場からすれば、彼らをアルバイトに近い立場で雇い、社会保険料などの負担を軽くしたいといったこともあり、この区別が維持されてきました。

ところが、今までかなり制限が厳しかったこの都市戸籍について、一部の都市でかなり制限を緩くする動きが出てきました。例えば、福州市、無錫市、青島市、広州市などです。広州市は中国の4大都市の一つで、人口は1500万人いるとされていますが、こんな巨大都市まで都市戸籍の取得を緩めるようになってきているのです。生まれとしては農村戸籍であっても、専門技術を身につけたような若い人材であれば、都市戸籍を与えてもいいという流れが出てきているのです。

こんな話を聞くと、「なんだかんだと言いながら、中国もまっとうな方向に社会が進んでいるんだ」という勘違いをしてしまう人もいるかもしれません。話はそんなに簡単ではなく、実は中国にとっての深い問題と関わっていると考えるべきなのです。実は中国が人口減少社会に突入してきたために、都市による若者の争奪戦が始まったのです。

澤田ゆかり「福祉と経済」（旬報社『新　世界の社会福祉　第7巻　東アジア』所収）によると、広東省では現役労働者6・7人に対して退職者が1人となっていますが、遼寧省・吉林省・黒竜江省のいわゆる東北3省（旧満洲）では現役労働者1・4人に対して退職者が1人となっているそうです。広東省を代表する広州市が若い労働者を集めていく路線を取れば、東北3省などの貧しい地域はますます現役労働者が不足することになります。その結果、経済は干上がり、年金財政はより厳しくなるのは間違いないでしょう。

日本では社会保障制度は日本国全体でほぼ統一的な制度としてできあがっていますね。ですが、中国では都市・地域ごとに制度や内容に大きなばらつきがあります。これは先にも述べたように、人口の移動に厳しい制限が求められていた時代の産物です。そしてそれぞれの都市・地域が、これまでに確立した制度を維持していくためには、働いて稼いでくれる若い世代を多く集めないとやっていけません。仮に若者たちを自由に獲得できる競争を行うとしたら、大きくて経済的に裕福な都市ほど有利ですよね。こうして考えてみれば、若者を自由に集められるようにしようという動きが大きな都市から出てくるのは不思議ではないでしょう。

とはいえ、こんなことをやったら農村部や地方都市に壊滅的な打撃が押し寄せるのは避けようがありません。広州市にとっても若い人口の減少は大きな問題になってきているのでしょうが、それでも他の都市に比べれば遥かにましであるのは間違いないはずです。それでもこういう政策に踏み切ったというところに、この問題の深刻さが浮き彫りになっていると思います。

よく知られているように、中国では長い間一人っ子政策を採用してきたために、若年人口が非常に少なくなっています。この一人っ子政策は罰則も非常に厳しいものでした。一人っ子政策に違反すると数年分の年収に相当する罰金が徴収されたりもしていました。2013年に中国を代表する映画監督の張芸謀《チャンイーモウ》氏の一人っ子政策違反が明らかとなった時には、748万元（1億2000万円）の罰金が科されて話題になりました。一人っ子政策が廃止された後でも、過去の違反事例が発覚すると多額の罰金が課される制度はそのまま生きており、2020年の12月に四川省で8人の子持ちだということが発覚した夫婦に対して266万元（4200万円）の罰金が課されたことが報道されました。

一人っ子政策は実は二人目を産んだら罰金になるだけではありませんでした。一人目の出産の場合にも出産許可証を事前に取る必要があるとされ、取らないまま出産しても罰金が科されるということが行われたりもしていました。職場ごとでも規定の出産可能数が決められ、それをオーバーすると一人目であっても強制堕胎させられたなんて話もあります。二人目を産んだのがばれて、職場を解雇されたという話もありましたし、共産党員なら党籍剝奪処分に処されることもあったのです。

一人っ子政策実施にあたっては、その完遂のためには避妊手術が必要とされ、その目標数が勝手にノルマ化して、地域ごとに人数を割り振って強制的に避妊手術を受けさせるということも行われました。中には未婚女性で堕胎手術を強制された例もあるほどです。

罰金を科されないようにするために、二人目以降が生まれても役所に届け出られない子どもたちもたくさんいることもわかっています。こうした子どもたちは「黒孩子」（ヘイハイズ）と呼ばれ、戸籍上では存在しないことになっています。したがって学校などにも通えず、公共サービスも受けられないことになりました。中国政府が以前発表したところでは、黒孩子は1300万人くらいいるということになっていますが、実数がどのくらいかはよくわかっていません。近年はこうした黒孩子に戸籍が与えられるようになったとの話もあります。

なお、一人っ子政策が始まった1979年から廃止される2015年までに徴収された罰金の総計は2兆元（32兆円）を超えるとされ、これが役人の利権となり、この利権のためになかなか廃止できなかったとも言われています。

このように悪名高い一人っ子政策だったわけですが、この政策をやめてからも中国政府の狙いに反して人口増加には向かわなかったのは中国の大きな誤算です。その結果、急激な少子高齢化が今も進行しています。

中国の公式統計によっても、中国の生産年齢人口は2011年の9億4100万人をピークに減少し始め、2023年には9億人を切り、2050年には6億5100万人にまで減少するという話になっています。中国の総人口減少については2028年頃から始まると言われてきたのですが、実はすでに人口減少が始まっているのではないかとの指摘もされています。

このことを指摘した人の中に、インドの経済学者のメタ氏という方がいます。メタ氏は中国の人口統計のデタラメさをメタメタに切ってくれています。

1982年の中国の出生性比は108でした。すなわち女子が100人に対して男子が108人生まれるような比率でした。その後一人っ子政策が強化されるに従って、跡継ぎとなる男子を求める傾向が強いことから、出生性比は110〜120にまで増えました。2009年には121というピークに達していたはずなのです。

にもかかわらず、現在の中国の公式統計ではあらゆる年齢層で人口の性比は104から106の間におさまっています。つまり、男子の方が1割〜2割多く生まれたはずの年齢層でも、男子は4％〜6％しか多くないということに、統計上はなっているのです。

さらに過去の人口統計と現在の人口統計を見比べてみますと、不思議なことが起こっていることもメタ氏は指摘しました。2000年の中国の国勢調査のデータでは、5〜10歳までの人口が9015万人となっていました。このときの5〜10歳までの人口は、15年後の2015年の国勢調査のデータでは20〜25歳になっているはずですよね。もっとも15年の間には不幸にも命を落としている人もいるはずですから、9015万人よりも人口は微減しているのが正常な姿のはずです。ところが、2015年の国勢調査のデータではこの年齢層の人口は1億31万人となっていて、なぜか同年代の人口が15年の間に1000万人以上増えているという不思議なことが起こっているのです。そして現在確認できる最新データによると、この世代の人口はさらに増えて1億1380万人となりました。つまり、20年間で2300万人以上増えたことになるわけです。こうした「上方修正」は他の年齢層でも行われており、すべて合わせると1億人以上になります。

アメリカのウィスコンシン大学の易富賢研究員も、中国の国勢調査に水増しがあったと考え、中国の人口は2017年の12億8千万人をピークにすでに減少しているとの見通しを立てています。人口統計から除外されてきた黒孩子を加えても、最大でも13億少々というのが現実でしょう。

私もこの問題を意識するようになってから、さらに不思議なことに気が付きました。「合計特殊出生率」という、人口動向を見るのに大切なデータがあります。知っている人も多いとは思いますが、女性一人が一生涯にどのくらいの数の子供を平均して産むことになるのかを計算して求める数値です。この数値が2・1だと親の世代と子供の世代の人口が変わらない感じになりますが、これより少ないと人口がどんどん減っていくことになります。そして、この合計特殊出生率が中国では公式にはずっと1・6以上を保っていることになっているのです。これは一人っ子政策など採用していない日本よりも高い数字です。日本の場合は現在1・4くらいです。ちなみに中国においては1・1台や1・2台の合計特殊出生率のデータもあるのですが、国連に発表しているような統計では1・6以上を一貫して保っていることを前提にしないと、理解できない状態になっています。そしてこれに基づいた人口ピラミッドが中国の人口ピラミッドとして正しいと一般的には信じられ、中国の人口は14億人ほどだとされているのが実際です。

さて、先に見たように、中国では常軌を逸したような一人っ子政策を実施していました。一人っ子政策が厳格に実施されていれば、女性一人が一生涯に産む子供の数は1以下のはずです。不幸にも子供に恵まれない女性もいるでしょうし、生涯独身を貫く女性もいるでしょう。そのことを考えると、そうした女性を除けば、大半の女性が子供を二人産む状態にならないと、合計特殊出生率が1・6以上というのはありえないはずです。

なお一人っ子政策は1979年から始まって2015年まで35年以上続きました。しかもそれに遡る1971年から計画生育政策と呼ばれる出産抑制政策も採用されていたはずです。2015年に一人っ子政策を終わらせてその後「二人っ子政策」という二人目まではいいとする政策を実施したものの、わずかながら効果があったのは最初の年だけで、その後は一人っ子政策時代と変わらない状態になったという報道もありました。

そしてこの観点で見た場合に、非常に不思議なことが中国の人口ピラミッドには起こっています。2017年の人口ピラミッドを見ると、人口が最も多いのが25歳－29歳のところになっていますが、この世代は1992年から1996年に生まれた集団で、完全に一人っ子政策が実施されていた時期になります。彼らの親の世代が平均的に25歳上だと仮定すると50歳－54歳になるはずですが、この層の人口よりも27%ほど多いのです。もちろん子供が生まれてから30年経たないうち命を落とすこともあるでしょうが、そんな人が仮に1割いたとしても、女性一人が平均して二人以上の子供を産んだと考えないと説明できない結果になっているのです。中国の統計に偽装があるのは間違いありません。

ともあれ現在公式データでは、中国に次いで人口が多いのはインドで、その人口は2020年で13億8000万人だとされています。中国の人口統計がおかしいのは明らかですから、すでに世界で一番人口の多い国はインドであって、中国ではないというのはほぼ断言してよいかなと思います。

「人口が世界一多い」という経済的にプラスに作用する情報をできるだけ長く人々に信じ

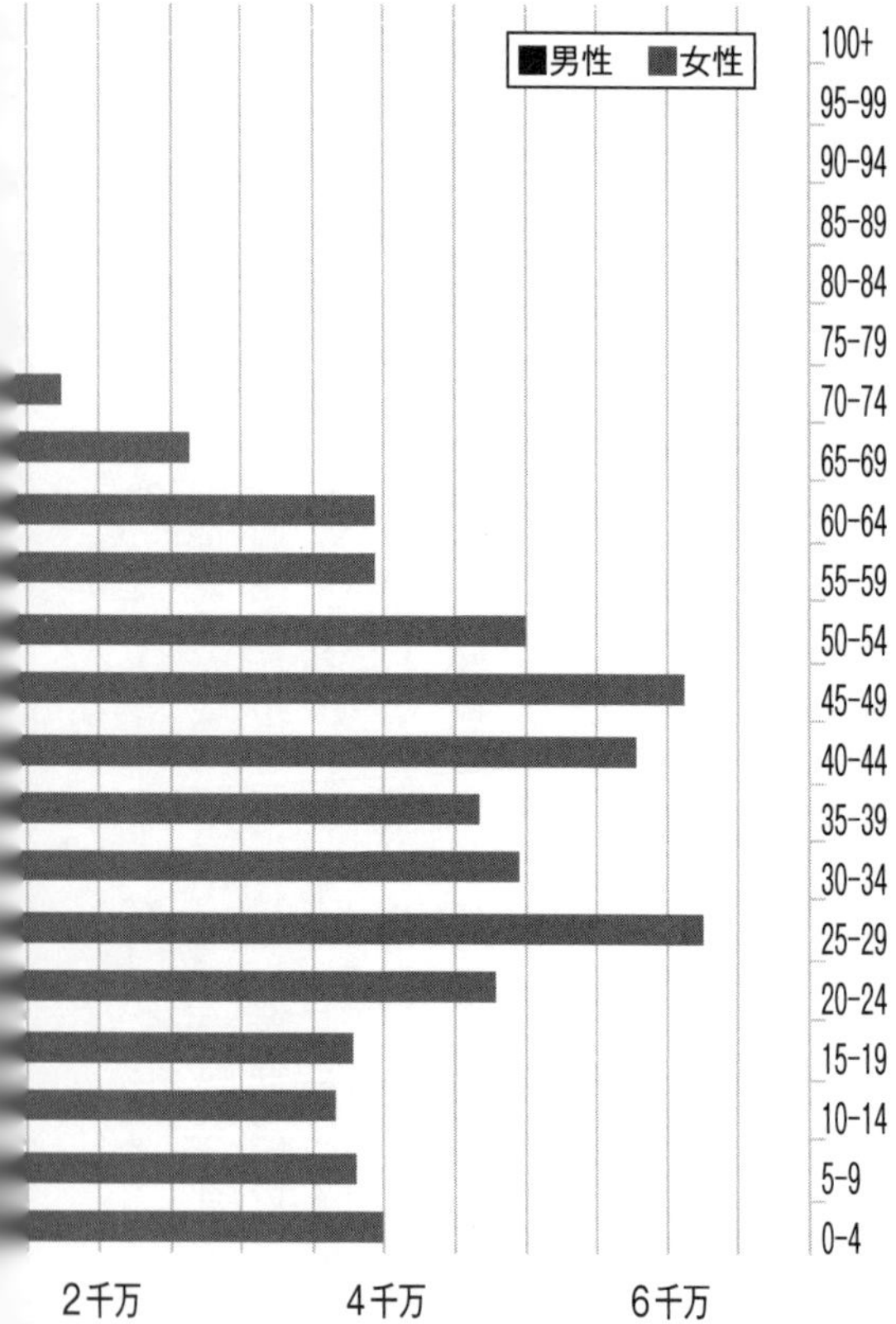

2017年中国の人工ピラミッド

総数:13億9702万8547人　男性総数:7億1975万9957人　女性総数:6億6396万3160人

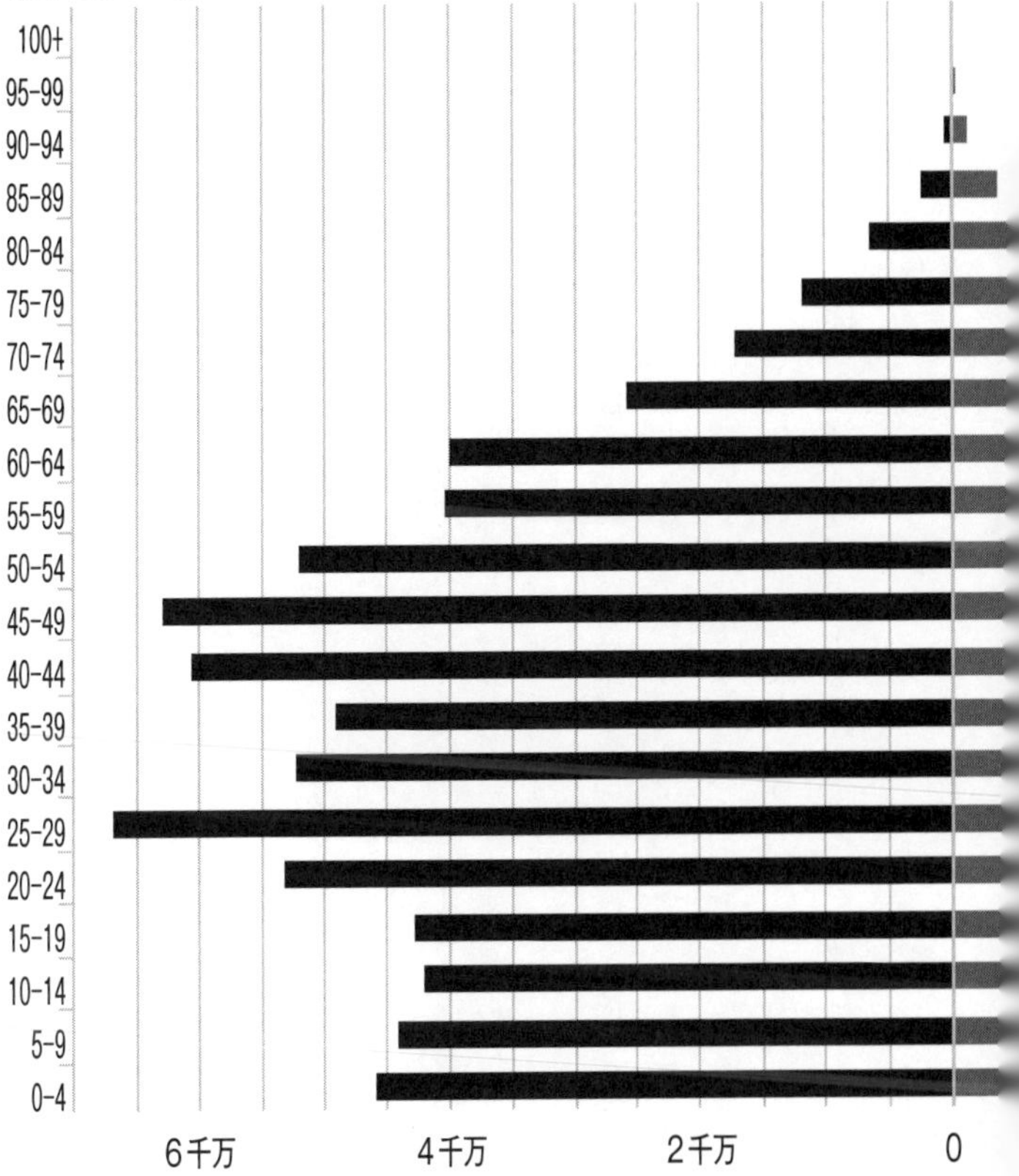

出所:World Population Prospects:The 2017 Revision - United Nations

させるために、中国は人口統計の偽装まで行っていたのはほぼ確実です。さらに言えば、「人口が減少する国」→「マーケットが縮んでいく国」「勢いを失った国」というイメージを持たれるのは、経済的に考えて具合が悪いということもありますね。そのため人口減少の事実についても徹底的に隠しておこうとしてきたと推論するのが妥当ではないかと思います。

1979年生まれの一人っ子政策の第一世代はすでに40歳を超えてきています。20歳から60歳が労働する世代だとした場合に、その半分以上の世代が一人っ子世代になってきているわけです。引退世代の人数が今後さらに厚くなっていってそのコストが膨大になる中で、労働人口は一人っ子政策世代ばかりになっていきます。果たして中国経済はこのまま持つのでしょうか。

生産年齢人口がどんどん減っていき、高齢者人口がどんどん増えていく中では、中国が貿易黒字を維持することも難しくなっていくはずです。老人になって生産活動に携わらなくても、毎日消費活動は行っていくわけですから、国内で生み出せないものを外国から輸入しないとやっていけなくなります。この観点からすれば、中国が貿易黒字をずっと維持することはありえず、従って経常収支も赤字になっていくはずです。そうなれば、外貨の枯渇はさらに深刻になります。

さらに深刻なのは、年金財政です。

2019年の4月に、中国の公的年金が極めて深刻な財政危機に陥っていることが明らかにされました。中国社会科学院が4月に公表した報告書によると、サラリーマンら3億4千万人が加入する「全国都市企業従業員基本年金」の2019年から2050年の収支状況を試算したところ、高齢化の進展によって今後受給者が年々増加していく中で、2028年から積立金は減少トレンドに入り、2035年には完全に枯渇することになるとのことです。

年金財政がもたないことは以前から指摘されており、現在でも毎年財政援助で補充を行っています。ですが少子化が急速に進んでいることから、年金財政の破綻は避けられない見通しとなっているわけです。

国務院の常務会議は、政府が保有する国有企業の株式を年金の運営にあたる社会保障基金に移す作業を加速することを決めました。ですが、株式の時価総額は5217億元（8兆2千億円）だということであり、はっきり言ってこんな付け焼き刃で年金問題に対処できるということはありえないのです。政府の公式発表でも、2050年には単年で11兆2774億元（180兆円）の赤字になるとされています。念のためですが、この赤字は「単年」であって「累計」ではありません。絶望的ですよね。

すでに少し触れたと思いますが、中国では公的年金の実際の運営は地方政府が独立して行い、国全体のシステムにはなっていません。すでに黒竜江省、青海省、遼寧省、吉林省では事実上年金積立金は底をついていると見られています。2028年には上海市、山東省、浙江省など経済が進んだ地域を含む12の省・自治区・直轄市で積立金が枯渇するとの見通しも出ているのです。つまり年金財政の観点から見ても、地方財政の破綻は始まりだしているというのが実情で、今後年々深刻化していくのは確実です。そしてこの災難から逃れられる道はないのです。

中国の中央銀行である中国人民銀行の行長（頭取）だった戴相龍氏は2020年12月に講演を行い、深刻化する年金基金の不足については、没収される腐敗政治家・官僚の財産で補填する案を提唱しました。確かに中国の汚職はスケールが大きく、例えば中国の「石油閥」のドンであった周永康氏が逮捕された際には、本人と家族から合わせて900億元（1兆5000億円）相当の財産が没収されたと言われています。こうしたこともあって、中国の庶民からは戴相龍氏の提案は拍手喝采を受けているようですが、30年後には単年で180兆円にも達するような年金財政の穴を、そんなものだけで埋めることはできるはずがありません。

この穴を埋めるための政策が今後どんどん加速するのは間違いないでしょう。その中には定年延長や年金給付水準の引き下げもあるのでしょうが、企業が負担する社会保険料を格段に引き上げることも当然入ってくると考えるべきではないでしょうか。そうした隠れたコストが今後増えていくことも、中国に進出している企業は考えていないといけないとした場合に、中国にこだわる意味合いはさらに失われることになるのではないでしょうか。

もう不平等は是正できない

一国の所得とか資産とかの不平等度合いを測る指標に「ジニ係数」というものがあります。全員が完全に同じだったらジニ係数は0になり、不平等の度合いが上がるとジニ係数はだんだんと1に向かって大きくなっていきます。0・3くらいだと貧富の差はあまり気にならない感じですが、0・4を越えてくると結構ひどい不平等状態で、社会騒乱が起きるとよく言われます。

中国の所得のジニ係数は国家統計局の数値では2008年に0・491のピークをつけ、その後は徐々に低下したことになっているのですが、これについても様々な疑問が呈されています。中国側の言い分では農業税を廃止したことで貧しい農家の実質所得が増加したことが貧富の格差の是正につながったということになっているのですが、それだけで格差が是正されたということには疑問が持たれています。2008年にはリーマンショックがあり、2009年には輸出産業の失業者、特に農民工の失業者が大量に発生していて、格差はむしろ拡大したのではないかなどと指摘されています。

政府以外の機関の推計値だともっと高い数値が示されてきました。例えば、四川省にある西南財経大学研究チームが行った推計では、2010年のジニ係数は0・61にも達しています。政府の数値とのあまりの違いに驚くかもしれませんね。中国では地位の高い人には表に出せない「黒色収入」とか「灰色収入」と呼ばれるものがあることが多く、現金以外でも様々な「役得」があったりするものですが、これが国家統計局のデータでは取り扱われていないからだといった指摘もあります。つまり、実質のジニ係数は政府以外の機関が発表しているものの方が現実に近いということになるでしょう。

この頃はまだ政府以外の機関のこうした統計の発表に対して中国政府も理解がありました。国家統計局の馬建堂局長は「民間研究機関の研究成果と統計局の推計結果はいずれも所得格差の実態を表す有機的な部分を成している」と述べていました。ですが、こうしたおおらかさは習近平体制になってからどんどんと失われ、息苦しいものになっていったというのは、中国の一つの悲劇です。

なお資産のジニ係数はもっと大きく、北京大学が発表した「中国民生発展報告2015」

によると、資産のジニ係数は0・73に達しています。これは上位1％の層が社会全体の3分の1の富を保有する一方で、下位25％の層は社会全体の1％の富しか保有していないという状況を表しています。

中国でどうしてこうも大きな所得格差・資産格差があるかと言えば、一つには労働分配率が低いことが指摘されています。労働分配率とは、企業が獲得した付加価値（利益）の中から労働者にどのくらいの分が分け与えられたかという指標です。日本だと概ね5割程度であることが多いのですが、中国だと4割を切っていることが多いのです。建前は労働者に優しい社会主義国のはずなのですが、実際には労働者の権利がかなりないがしろにされ、労働組合が合法的とはされていなかったりもします。ちなみに中国の労働環境の厳しさは「九九六」と表現されることがあります。「朝九時から夜九時まで週六日勤務」が「九九六」です。

農家の保護政策も弱く、土地が国有であることをいいことに農民たちが農地として利用している土地を地方政府が勝手に取り上げるようなことさえよく行われ、農家の地位向上はなかなか厳しい状況です。

また中国では収入が総合課税になっておらず、賃金所得とその他の所得などが合算で課税されるわけではありません。その他の所得の税率が低いために、税収としてあまり確保できていないということがあります。端的に言って金持ち優遇の税制になっているわけです。こうしたことによって非常な所得格差が生まれていると言えるでしょう。

もっとも見方によっては中国はかなりの重税国家だと指摘されることもあります。マンション販売に上乗せされる土地使用権の費用は、地方政府の財源になりますから、税金みたいなものですよね。マンション価格の半分ほどが土地使用権の費用だとされていますので、マンションが売れれば売れるほどガンガン税金が地方政府に入っていくことになります。その割に社会的弱者を救うような政策にはあまりお金を使いません。このお金の使い方に問題があるという見方もできます。

大紀元時報によると、中国経済体制改革研究会の元会長で経済学者の宋暁梧氏はこの所得格差が「内循環」を阻む主因になるとの見解を示しました。お金持ちに回るお金を削って貧しい人たちの収入が増えるならば、内需が拡大していくことも期待できますが、現在の財政構造は共産党幹部の既得権と強く結びついているために、抜本的な改正は難しいわけです。

では、思い切って総合課税にして、累進税率を強化して、お金持ちからさらにガッツリ徴税するようになったらうまく回るのかといえば、これが意外とうまくいかないのです。もしそんなことをしたら、不動産は儲けられる資産としては魅力の極めて薄いものとなり、バブルの崩壊を早めてしまう可能性が高いでしょう。

このままバブルを拡大させていくのはもう限界に差し掛かっていて中国共産党はこの問題を自覚しています。といってバブルを崩壊させた場合に直面する問題も巨大です。それで現状維持的な水準を目指すわけですが、それはそれで無駄なお金をこの非生産的な分野にずっと流し続けなければならないことになります。

マルクス経済学では、自分ではきちんとモノを生産せずに、資産を保有しているだけで収入があるような分野が肥大化することを「腐朽性」という言葉で表現しました。自分ではろくに働かず、人様が働いたものを横取りするような感じですから、それを「腐っている」と考えたわけです。

例えば10億円の資産があるなら、その資産を年利3％で回すだけで年収3000万円になりますね。こういう人たちは働かなくても食べていけることになります。ではその3000万円という収入はどうして働かなくてもその人のものになるのかと言えば、汗水たらして働いた人たちが作り上げた利益の一部が流れていくからではないかというわけです。

世の中にこういう感じの人ばかりだったら絶対に回らないですよね。社会全体で考えれば、こういうことの許容できる枠みたいなものが本来あるはずです。その枠を越えてどんどん大きくなるとしたら、その社会はもたなくなるというのは、直感的には理解できるのではないでしょうか。そしてこの腐朽性の問題が世界で最も深刻な段階に達しているのが中国だと、私には感じられます。そしてその中国が表向きは社会主義を標榜し、マルクス主義を正しいと考えているというのは、何という矛盾なんだろうと思ってしまうわけです。

銀行融資もコネで決まる

中国の地方裁判所が2021年の1月に、とてつもない不正蓄財をしていたとして、国有資産管理会社である「中国華融資産管理」(華融)の元会長の頼小民に死刑判決を言い渡しました。中国では死刑判決は珍しくないですが、2年間大人しくしていたら無期懲役に減刑されるというのが一般的です。つまり死刑判決だと言っても「ナンチャッテ死刑判決」であって、本当の死刑判決ではないということが多いのです。ところが、今回のこの件では何の猶予もなく、完全な死刑判決になりました。そして早くも1月29日に死刑は執行されました。

元「会長」としか日本では報道されていないと思いますが、頼小民は同社の中国共産党書記でもありました。「共産党書記」というのは、グループの実質的なトップを表す言葉です。ですから、「○○市市長」と「○○市党委員会書記」がいたら、実質的なトップは党委員会書記の方です。

頼小民は2008年から2018年にかけて17億9000万元（285億円）の賄賂を受け取っていたとされていますが、実際にはもっと多いと見られています。仮に285億円だとしても、日本とは収賄のスケールが違いすぎますね。143人の愛人がいて、100件以上の住宅物件を持っていたとされています。恐らく愛人1人に1軒の住宅をあてがっていたでしょうから、150軒くらいの住宅を保有していたのではないかと思います。愛人たちは同じマンションの別々の部屋に住んでいたというから、結構びっくりです。ご近所付き合いはあったのでしょうか。

中国華融資産管理は中国の4大銀行の一つである中国工商銀行の不良債権の処理会社です。工商銀行の不良債権を引き受けて切り離し、工商銀行の不良債権が大きくならないようにする会社です。工商銀行以外の不良債権や、場合によっては経営が傾いた企業を買い取ったりもしています。経営的には豪腕で、こんな掃き溜めみたいな債権や企業の買取をしながらも、企業経営は割とうまく回していたようです。

中国華融資産管理は中国の財政部（財務省）とも関係の深い巨大な企業グループで、関連企業が30社以上もあるといいます。そこでそれぞれの企業のそれなりのポジションに愛人たちを就けて、そこでもらえる給料を愛人たちを支える手当にしていたようです。愛人を要職につけるなんてと思ったりもしますが、彼にしてみれば自分と寝た女は裏切らないという「信頼」があったようです。

頼小民は大学で金融を学んで中国人民銀行に入行し、そこから出世していきました。中国銀行業監督管理委員会（銀監会）のトップだったことがあり、銀行には非常に強いコネクションを持っていて、「財神爺」（お金の神様）とも呼ばれていたそうです。彼とのコネクションを作ると、銀行の融資が簡単に下りるからです。そして融資が実行されると、その一部を自分の賄賂として受け取っていました。

彼は30万元（500万円）払ったら、この安定した国有企業である華融に入社できるということもやっていたようです。そして社内の出世にも賄賂が有効に働き、管理職になるには50万元（800万円）が、子会社の経営陣になるには100万元（1600万円）が必要だったようです。

日本人の感覚からすると「とんでもない！」ということになるのでしょうが、出世を賄賂で買うという話は中国ではごく普通のことなので、それほど驚くべきことではないかもしれません。国営企業や人民解放軍の内部では、そんなのは当然の話ということになります。それは裏返せば、それに合った見返りが必ず期待できるということでもあるわけです。

こうした企業がきちんと稼ぐ力を持った筋肉質の企業になるということはほとんど期待で

きないでしょう。これが中国の国有企業の実態だとも言えます。

また「財神爺」のエピソードからわかることは、中国の銀行融資が企業の将来性とか安全性とか担保とかをしっかり見て行われているのかというと、どうもそうではないというところです。強い立場の者からプッシュがあれば、それに流れてしまうわけです。

さらに言えば、融資で降りたお金が必ずしも申請した事業に向けられるとも限らないわけです。インターネット事業を展開する資金として借りておきながら、それを不動産投資に使ってしまうなんてことが普通に起こります。

不動産が順調に値上がりを続けていれば、表面的には問題は発生しないかもしれません。ですが、それが行き詰まった時に銀行業に対してどれほど大きな圧迫になるのかは想像を絶します。

習近平政権はこうした見地から不動産バブルの行き過ぎを心配し、不動産に回る融資は抑制的に動いているところがあります。ですが、頼小民のような人が権力を使って銀行に融資を実行させた場合には、融資の建前とは違って不動産投資にどんどんお金が回っていくことになります。それでは目指す政策目標が実現できないわけですから、許せない野郎だということになります。

そして頼小民は反習近平の江沢民派につながる人物であり、この観点からも潰しておきたい人物だったとも言えます。彼の腐敗については2019年の1月に中国中央電視台（CCTV）の反腐敗キャンペーンの番組でわざわざドキュメンタリーとして取り上げられて報じられたのですが、そこにはこういう背景が隠れている気がします。彼が一切の猶予のつかない完全な死刑判決を受けた背景には、自分の進めたい政策の邪魔をする許せない野郎だということだけでなく、彼が江沢民派につながる人物であったがために、見せしめとしてこのようになったと考えるのが適切ではないかというわけです。こうしたことを通じて、習近平は党内での権力をさらに強化し、終身独裁のための権力基盤を強化しているのでしょう。

規模はともかくとして、頼小民のような感じのことをやってきた共産党員はたくさんいるはずです。習近平派に恭順の意思をしっかりと示しておかないとやばいことになるぞという警告の意味が、この死刑判決にはあるのでしょう。

ところで、銀行に対して強い影響力を行使できるのが頼小民一人しかいないのであれば、それほど大きな問題にはならないかもしれません。ですが、こうした権力を使える人たちがたくさんいて、そうしたひとたちに銀行業が引っ掻き回されているのは、想像に難くないでしょう。

こんな事件に中国の銀行経営のガバナンスの問題点が如実に見えるのではないでしょうか。

習近平のアリババいじめに「グッジョブ！」

中国の国家市場監督管理総局（市場監管総局）は２０２０年12月14日に、中国のネットサービス大手のアリババ、テンセントの2社と、物流大手の順豊集団のそれぞれの子会社が独占禁止法に違反したとして、3社に対して50万元（８００万円）の罰金を科したと発表しました。市場監管総局というのは、日本の公正取引委員会みたいな役所です。市場の独占が進むと市場を通じた競争がされないようになって、値段がなかなか下がらなくなったり、サービスが向上しなくなったりして、問題がありますよね。そういうことがないように監督する役所だと理解してください。

今回の罰金の理由は、3社が過去に同業他社のM＆A（合併・買収）を実行した際に、独占禁止法が定める事業者集中に関する事前の届け出をしていなかったというのが理由とされています。ちょっとわかりにくい言い方ですが、同業他社を買収すると、それだけ競争する企業の数が減り、自分のところのシェアが高まることになりますね。買収するとうちのシェアはこれだけ上がって、売上がこのくらいの金額になりますというような届け出を事前に出してからじゃないと買収してはいけないことになっているのに、守っていなかったというわけです。

ただこの処分は実は非常に不可解なのです。というのは、市場監管総局が調査を行った結果、問題とされたM&Aはいずれも市場競争を過度に制限する事業者集中には該当しない、つまり何の問題もないと判断されたとも伝えられているからです。事業者集中に該当せず、何の問題もないのなら、罰金処分の対象には本来ならないはずですよね。それなのに、該当するかもしれないと考えて事前に届出を出すべきところを出さなかったのはけしからんという、よくわからない理由で処分をされた形になっています。

中国のインターネット業界ではこれまでも数多くのM&Aが行われてきたのですが、今回処罰された3社を含めてこれまで事前届け出を行った事例は一つもありません。これにはちょっと事情がありまして、インターネット業界の買収となると、大抵は自分の会社と全く違うサービスをやっているところを買収するのが普通だという事情も関係します。例えば検索大手のグーグルには今や翻訳サービスがあったり、カレンダーが付いていたり、地図検索があったり、グーグル・アースがあったりと、いろんなサービスがありますよね。ああしたサービスは全部自社で開発しているわけではなくて、面白いサービスを開発しているなと思ったら買収して自分のものにしているものも多いわけです。自分で開発するよりもそっちの方が手っ取り早いですよね。

トヨタが日産を買収したとかという話になると、それは自動車メーカー同士ですから、市場集中の大問題になるのはすぐにわかりますが、ぜんぜん違うサービスの企業を買収しているのに、市場集中についてどういう届け出を出せばいいのかというのは、わかりにくくて悩ましいです。

では問題はないのかといえば、問題もあります。新しいサービスを展開し始めた会社があったら、そのサービスが大きくならないうちに買収しちゃえば、自分を脅かす勢力にならないですよね。そうさせないために買収してるところもあるわけです。また便利なサービスをいろいろと囲い込んでいけば、そっちの方が便利だということになりますよね。Ｇｏｏｇｌｅにはいろんなサービスがあるから、なんだかんだとＧｏｏｇｌｅを使ってしまうというところはないでしょうか。いろんなサービスがあるということが独占につながる部分もあるわけです。

そうは言っても、例えばネット検索の会社が地図アプリの会社を買収した場合に、独占禁止法上でどのように届け出を出せばいいのかというのは、難しい話になります。ですからインターネット業界の企業からすれば、そんなことが問題にされるとは考えてもいなかったというわけです。

ここで理解してもらいたい一番のポイントは、中国共産党が突然どう対処したらいいのかわからない話を持ち出してくるということがよくあるというところです。真の狙いはぜんぜん違うところにあるのに、その狙いは表に出さずに、とにかく狙い撃ちをされるわけです。違反行為があったから罰するのではなく、あの会社を何とかしたいから無理矢理にでも違反行為を探すというか、違反行為にしてしまうという感じだと考えればいいわけです。

それはともかくとして、M&Aの事前の届出の問題では十分な成果が挙げられなかったことから、市場監管総局はその後「二選一」を新たに問題にし始めました。「二選一」とは二者択一のことで、例えばアリババのインターネットショッピングモールに出店しようとするお店に対しては、競合する他のインターネットショッピングモールにはお店を出さないことを確約しないとダメだという話です。これは確かに市場独占を図るよくない行為だと言われればその通りです。ただこの「二選一」は十年以上前からずっと行われてきたことなので、今頃急になぜ問題視するようになったのかという点では極めて不自然な話なわけです。

「二選一」がダメだというなら、その判断を決めた段階で業界全体に行政指導をすればすむことですよね。それをずっと野放しにしておいて、突然問題にされて締め上げられるというのは、道理としては無理筋です。確かに「二選一」を最初に始めたのはアリババなんでしょうが、やっているのはアリババだけではなく、インターネットのショッピングモールはみんな同じです。アリババに倣ったにせよ、アリババだけが叩かれるのもどうかということになります。

ただ、共産党が支配する中国ではそういうことは関係ありません。特に習近平体制が強化される中では、こういう無理が強まっているのです。

この件に関する人民日報の記事によれば、独占禁止の強化と資本の無秩序な拡張を防止する方針は、中国共産党の中央政治局会議や中央経済工作会議などで明確化したものだそうです。これまたわかりにくい説明ですが、巨大ＩＴ企業が肥大化するのは許せないということを中国共産党中央が方針として決めたと考えればいいでしょう。ここには今の中国のインターネットビジネスのあり方を認めないとする習近平の判断があると考えるべきです。

中国は電力とか鉄道とか金融といった国の重要産業については、政府管理が当たり前です。つまり国営が当たり前です。逆に言えば、重要産業とはみなされていないところでは民間企業が伸びていく余地もありました。そういう中でインターネット業界という新しい分野は、もともと国がやっているものではありませんでしたから、民間企業がぐんぐん伸びやすい業界だったとも言えます。

そしてそんな感じでガンガン伸びていったわけですが、今やインターネットは国の重要インフラになってしまいました。そうしたらこの分野を国家管理のもとに置きたいというのは、中国共産党の考え方からすれば当然の話になります。

民間の自由な活力というものを嫌い、国家による統制が大好きな習近平からすれば、民間の巨大インターネット企業が普通の基幹産業よりも遥かに大きな売上を上げ、とてつもない利益を稼ぎ出していることは、許すべからざる話になるはずです。

さらに習近平には許せないことがあります。アリババにせよ、テンセントにせよ、これまで共産党のバックがある中で力をつけてきたのは間違いないのですが、そのバックになっているのは習近平派ではなく、反習近平派（江沢民派）なのです。これは考えてみれば当たり前で、彼らの黎明期に中国で権力を握っていたのは江沢民だったからです。江沢民派の支えがあったからこそ、彼らは急成長できました。従ってアリババやテンセントが稼ぎ出している莫大な利益が江沢民派の懐を温めているのは当然です。そしてそれは習近平追い落としのための軍資金にさえなりかねないのです。今や習近平に徹底的に潰されてきた江沢民派にどれほどの力が残っているのか疑問だという意見もあるでしょうが、それでも習近平にしてみれば許せない話です。

さらに言えば、習近平の目にはこうした巨大ＩＴ企業が自分たちの利権と深く関わる金融・保険分野を不当に圧迫している巨悪のようにも映っていました。

アリババと言えば、2020年の11月に系列のアント・フィナンシャルと呼ばれる金融グループの上場が直前でストップさせられたことでも知られています。アント・フィナンシャルと言われもピンと来ない人もいるかもしれませんが、アント・フィナンシャルのサービスの一つであるアリペイなら名前くらいは聞いたことはあるでしょう。アリペイは10億人のユーザーを抱え、2019年7月から2020年6月までの1年間で、アリペイ上で行われた決済額は118兆元（1800兆円）に達していると言われています。私はこの金額にはかなり眉唾なものを感じていますが、それは脇に置いておきましょう。

日本だとアリペイは街中の店舗でお金を払う時に現金の代わりに使える「〇〇ペイ」の一つというイメージがありますよね。確かにそれもアリペイの使い方ではありますが、中国ではアリペイは通販でもよく使われています。そしてアリペイの決済の仕組みは中国においては画期的なものとして受け入れられたところがあります。

中国の商取引というと、騙しが多いというイメージはないですか。お金は払ったのに商品がもらえないとか、デタラメな粗悪品だったとかというのは、中国ではよくありそうですよね。商品は渡したのにお金がもらえないとか渡した後から値切られたとか、そんな話もありそうです。アリペイはこの問題を解決する仕組みを作ることで、インターネット通販で大きな伸びを示しました。

消費者がいいなと思った商品を購入すると、その代金は一旦アリペイが預かります。消費者のもとに無事に商品が送られ、問題ない場合には、アリペイに連絡します。その連絡をアリペイが確認した上で、その段階で消費者はその代金を自由にはできなくなります。その連絡をアリペイが確認した上で、預かっていたお金を販売者の方に移すようにします。これであればインチキは成り立ちにくいですよね。そして取引の評価が記録されていきます。

日本でも通販サイトで購入者の平均スコアみたいなのが出ていますよね。私もアマゾンで中古の本を買う時には、あんまり高くないスコアのお店は敬遠していますが、そんな感じの利用の仕方を頭に思い浮かべればいいかなと思います。取引をするごとにそんなスコアが貯まっていきます。取引状況はビッグデータとして吸い上げられ、信用レベルのデータとしてまとめられていきます。そしてとても高いスコアになると、レンタカーやホテルを予約する時に有利になるといったメリットまで生まれ、歓迎されたのです。

こうした仕組みを確立することで、売り手も買い手もまじめに取引を続けさえすれば、ともに利益を得られるようにしました。これは中国においては画期的なことで、知り合いでもない人から安心して商品を購入する仕組みとして定着しました。

さらにアント・フィナンシャルはそうしたモノの売り買いにとどまらない金融サービス

を展開していきました。スマホの中で全部完結する形で、必要なものを買うことも預金することも保険契約をすることも融資を受けることも投資商品を買うこともみんなできてしまうという便利な仕組みになっていたわけです。非常に便利なので、アント・フィナンシャルのユーザーの中でアントの金融サービスを3つ以上利用している割合は8割、5つ以上利用している割合は4割を越えていたといいます。

便利さのイメージがわかりにくいかもしれませんので、ちょっとだけ例を挙げましょう。アント・フィナンシャルはわずか50元（800円）から定期預金ができるようにし、定期預金にすると年利4％以上の金利がつきました。普通の銀行ではありえないですよね。しかも店舗に出かける必要すらなく、スマホの中だけで操作が完了してしまうのです。

小口のお金をたくさん集めると巨大なお金になります。それを大口預金としてアント・フィナンシャルが銀行に預ければ、大口預金の有利な金利が付きます。アント・フィナンシャルはその金利の一部を手数料として受け取りながら、残りはユーザーに還元していたわけです。この運用のためのシステム構築は大変だったと思いますが、一旦システムができてしまえば、後は自動的に処理できますから、十分に儲かるビジネスにできたわけです。これが従来の銀行にとってどのくらい大きなダメージになるかは、簡単に想像がつきますよね。

預金口座を利用しながら、その口座から一部だけを解約して商品購入に充てられるという仕組みも用意しました。当然これもスマホ上で簡単にでき、わざわざ店舗に出かけて解約手続きとかをする必要は全くないのです。クレッジットカードのような感じで支払いを後払いにできる機能もあり、また金利が発生しますが分割払いにすることもできます。これもすべてスマホ上で完結します。

実店舗がなく、完全にインターネットだけで運営されている保険会社も用意されました。保険のおばちゃんとかにかかる人件費が大幅に節約できるため、少ない掛け金で大きな保障が得られる保険ビジネスが展開されました。医療費が高い中国では医療保険の分野は非常にニーズが高いのですが、こういう点でもアント・フィナンシャルは従来にないブレークスルーを達成しました。そしてこれが中国の従来の保険業界の大きな脅威になったことも容易に想像できますよね。

中国の銀行があまり相手にしてくれない中小ビジネスを相手にした金融もアント・フィナンシャルは手掛けてきました。融資を受けた中小ビジネスのオーナー・企業は2000万人（企業）を超えるとされていますから、この金融が中国経済において果たしている役割は非常に大きいことがわかります。

このように、スマホやパソコンを操作するだけで簡単に金融サービスを受けられるような仕組みを「フィンテック」(Fintech)と言います。従来なかった便利な金融(Finance)を実現する技術(Technology)というような意味合いです。こうした技術革新を起こしていたので、アント・フィナンシャルの事業価値が30兆円を超えると言われても、そのくらいの価値はあったかもしれません。そしてこのアリババ・グループのアント・フィナンシャルの便利で統合されたあり方は、世界の金融支配につながる可能性すら持っていたとも言えます。ですので、アント・フィナンシャルが上場によって潤沢な資金を世界中から集めてしまうことは、西側世界からすれば大いに警戒しなければならないような出来事だったのです。

アリババ創業者のジャック・マー(馬雲)は「良いイノベーションは監督を恐れない。ただ、古い方式の監督を恐れる」「中国の金融は管理する力は強いが、正しく監督する力は明らかに足りない」などと政府批判を行ったと伝えられています。私はジャック・マーの発言全体がどういうものだったのかはわからないのですが、恐らくは政府に批判的に取られそうなところだけを切り取られて報道されてしまったのだろうと思います。

ただこの断片的な発言だけでも、ジャック・マーが言いたいことは次のようなことだったのではないかと推測できます。

「フィンテックによって開拓された金融技術がこれまでの古いタイプの金融利権を損ねる

から規制を強めるというのは愚かではないのか。これをうまく活かせば中国の世界支配にも大きく貢献できるではないか。中国を世界の覇者にしたいのなら、我々をいじめるのはあまりにもバカげているんじゃないか。監督するなと言っているのではない。この力を活かす方向で監督を進めるべきではないか。」……これがジャック・マーの言いたいことだったと考えるのです。

そしてこの発言は中国共産党の実現したい夢を考えての発言であり、中国共産党指導部が理性的に判断するなら理解できると思っていたのでしょう。

中国の銀行は「質屋のメンタリティー」で営業していると言って、ジャック・マーは批判したとも伝えられていて、貸し出しを行う際に担保を取るのが正しいのかどうかというレベルで意見の対立があったと捉える向きもあるのですが、私はそれは表面的に捉えすぎではないかと思います。ビッグデータを収集して信用レベルを設定し、それによって貸し出しを行っていくというのは、担保を取るやり方か、取らないやり方かという話にはとどまらない、大きな可能性を持っています。それはまた一方では大きな危険性をはらむものでもあります。

例えば、仮に日本にいる私たちがアント・フィナンシャルのサービスについて便利だと感じてそのサービスにはまってしまったらどうなるでしょうか。要するに、アマゾンや楽天よりもアント・フィナンシャルの方が便利だからと乗り換えてしまったらどうなるでしょうか。そして通販利用だけでなく、日常の買い物も預金も資産運用もあらゆるサービスの購入なんかも全部アント・フィナンシャルを使うなどという事態になったら、どうでしょうか。私たちはビッグデータの形で個人のお金の使い方を全部押さえられ、どのくらいの収入があって、どんなものを買っていて、どんなお金の運用を好み、どのような傾向を持つ人なのかといったことまで全部バレちゃうことになります。誰にもバレないだろうと思ってこっそりいかがわしいものを通販で買ったら、それがアント・フィナンシャルのビッグデータを通じて中国共産党に把握されてしまうなんてこともありうるのです。そしてそれをバラすと脅されて言うことを聞かされるなんてこともありうるかもしれないのです。

このフィンテック技術を世界中に広げれば、世界中の人々のビッグデータを集めることができるようになります。そしてこのビッグデータの利用に中国共産党が乗り出すことができるとしたら、そら恐ろしいと思いませんか。

さらに言えば、アント・フィナンシャルのアプリをスマホに入れるだけで、スマホの他の情報、例えば住所録とか予定表とかメールとかを抜いていくことさえ、可能性としてはありうるわけです。それによって交友関係とか、思想傾向とかも把握することができるようになります。世界中に普及するまではそんな機能は入れないようにしておいて、十分行き渡ったと思ったら、そんなスパイ機能を搭載したバージョンに急にアップデートするかもしれないのです。スパイ機能バージョンがバレたら、「バグがありました。申し訳ありません」と言って、スパイ機能をオフにしたバージョンに一旦戻せばいいでしょう。

中国では民間企業であっても中国共産党に逆らうことはできないわけですから、中国共産党が民間企業に指令してそこまでやりかねない組織だという警戒心は当然持っておくべきです。実際にこの問題は中国企業のバイトダンスのＴｉｋＴｏｋなどで問題になり、アメリカのＴｉｋＴｏｋについては米企業のオラクルが関与して、ユーザー情報はオラクルが管理するシステムになりましたね。トランプ大統領は大統領を離任する直前に、同様の懸念からＷｅＣｈａｔＰａｙなど8つの中国アプリの使用禁止の大統領令を発令しました。

それどころか、アメリカ企業のＺｏｏｍでも、データが中国のサーバに送られていて、中国共産党が関与していることがわかってきました。なおＺｏｏｍの中国人幹部は刑事訴追を受けました。Ｚｏｏｍは中華系のアメリカ人が興した企業で、中国とも深い関係があります。

こうしたことを考えた場合に、私はアント・フィナンシャルが上場して多額の資金を世界中から集めることをものすごく恐れていました。中国の世界制覇のために利用できる開発資金を大量に与えてしまうことになるからです。なので、これの邪魔を見事にやってのけた習近平には「グッジョブ!」と言って褒めてやりたいくらいです。

とにかく、習近平はジャック・マーの発言の意味するところやアント・フィナンシャルの可能性を全く理解してなかったのでしょう。そしてイエスマンでないと務まらない彼の側近たちも、ジャック・マーの真意を習近平に伝えることを恐らくしなかったのだろうと思います。ここから先は完全な憶測ですが、日頃からアリババに不満を持っていた習近平に取り入るために、「ジャック・マーがこんな問題発言をしています」とわざわざご注進した側近すらいたのではないかと私は疑っています。

はっきり言いますが、ジャック・マーがこのような発言をしなかったとしても、アリババの運命は変わっていないはずです。それは習近平がアリババをもともと敵視し、いつどうやって潰すかしか頭になかったからです。

習近平がアント・フィナンシャルの上場を最終的に阻止する動きに出たのは、すでに説明したように、上場が実現されると反習近平派を金銭的に強く支援してしまうことになるのを嫌ったのもあるでしょう。自分たちのコントロール下に置きたかったといった話もあるでしょう。アント・フィナンシャルが彼らの利権と深いつながりのある銀行とか保険会社などの従来の金融機関の利益を侵害していたこともあるでしょう。他にもまだまだ理由は考えられます。ですが、中国をより強くするのにアリババをどうすればいいのかという視点で見た上での判断だったとは、私にはとても思えないのです。

ともかく自分が狙われていることを察知したジャック・マーは、中国証券監督管理委員会や銀行保険監督管理委員会から呼び出しを受けて面談をした際に、アント・フィナンシャルを国家が必要とするならば、国家に献上しても構わないと述べたという話があります。自分の命とある程度の財産が守れるのであれば、数兆円分の資産を差し出してもそっちを取りたいと考えるのは当然でしょう。さらに、アント・フィナンシャルを国家のものにすれば、思う存分活用できることに気づいてもらいたいという意識もあったのでしょう。

ところがこの提案を習近平はどうやら拒否したようなのです。ここまで国家に財産を差し出しますと言ったんだったら、手打ちしてやればいいじゃんって考えますよね。そこがそうならないところが習近平中国のおっかないところです。そしてやはり、習近平には中国共産党にとってのアント・フィナンシャルの価値を理解できなかったということなのでしょう。

習近平はアント・フィナンシャルにとどまらず、アリババ帝国全部を飲み込みたいと思っているだけでなく、さらにアリババ的な企業のあり方は共産主義にふさわしくないと考え、これに大きな制約を課そうと狙っているのです。実際アリババいじめはその後も続き、アント・フィナンシャルはそれまで扱ってきたネット預金商品を全て撤去することにしたと発表しました。アント・フィナンシャルは、便利機能の中心サービスの一つを完全にやめると発表したのです。中国共産党の監督管理部門の規制に従ったということですが、要するに共産党から止めさせられたという話です。

それどころではありません。個人向けの貸し出し事業を行うにはライセンスが必要なのに、そのライセンスを取っていないんじゃないかとか、アント・フィナンシャルが銀行の金融商品を売るのはダメだとか、様々な事業が統合されているのは問題となるかもしれないとか、いろんなケチをつけられています。

「貸し出しのライセンスがないのに貸し出しを行うのは、そりゃおかしいよな」と思った方もいるでしょうが、このあたりはアント・フィナンシャルはきちんと切り抜ける手法を作っていました。アント・フィナンシャルは実は自らは貸出業務を行っていないのです。貸し手を探している銀行とお金を借りたい人のマッチングをやるような感じで、信用情報の交換でお互いが納得ができるのであれば、貸し出しを成立させ、手数料だけ中抜きするというビジネススタイルだったからです。だから、金融機関ではないから、普通の金融機関のような規制対象には当たらないとの立場を取ってきたのでした。ですが、習近平はアント・フィナンシャルを潰したいわけですから、アント・フィナンシャルも普通の金融機関と同じに金融規制の対象にさせられました。

そうした中でも私がかなりびっくりしたのは、中国の監督当局が「法律・法規に沿った個人信用調査業務を行い、個人情報を保護する」と言い出したことです。これは売り手と買い手の信用ポイントを表示して取引を行うのは、個人情報を保護しない違法な制度だということにするという意味に感じられるのですが、これを言い出したら中国でのオンラインショッピングは成立しなくなってしまいます。

実際にどこまで踏み込むのかは私にはわかりませんが、ここまで徹底してアント・フィナンシャルの邪魔をし、便利な統合的なフィンテックを解体しようと動いているのは正気の沙汰ではありません。中華帝国の野望を考えるなら、随分愚かな選択をしているものだと思うのですが、日本に住む我々にしてみれば、もっとガンガンやってくれるとありがたいですね。

アリババのサービスに慣れた中国の若い人たちからすれば、どうしてこんな便利なサービスが利用できなくなるの?ってことなんでしょうが、習近平からすれば、自分たちの牙城である国営銀行などの権益を侵害するとんでもないものだということになるわけです。

いずれにせよ、今ある動きによってアント・フィナンシャルがダメになるのはもう見えてしまいました。テンセントなども当然同じ運命になるでしょう。

そして以上を見れば分かる通り、これは単にアリババを自分たちのものにしたいというだけでなく、そのサービスのあり方が「共産主義的ではない」という判断で潰しにかかっているわけです。つまり、旧来の秩序を脅かすような事業の存在は許さないという判断です。

習近平の頭の中には、国家の計画に基づく秩序ある発展が好ましいという思いがあります。それは共産主義思想が掲げる理想です。資本主義は社会全体としての計画性がなく、無秩序だからダメなんだというマルクスの理論が習近平の中にはあるのでしょう。

この中でヒントになるのは、習近平が２０１４年12月に打ち出した「４つの全面」です。この「４つの全面」の４つとは、小康社会の建設、改革の深化、法による国家統治、厳しい党内の統治です。このうち注目したいのは、「法による国家統治」と「厳しい党内の統治」です。

「法による国家統治」は、当然ですが、西側先進国で広がっている「法の支配」とは全く別物です。「法の支配」は為政者であっても法の下に置かれ、国家権力を操れるのはその範囲に限られるということですね。これに対して中国での「法による国家統治」は、個人に好き勝手な行動は許さず、国が決めたことには完全服従を求めるというものです。そこには事後法も大いにありうるというのは、香港で施行された「国家安全維持法」の顛末を見ればわかるでしょう。

日本語が堪能な香港人の周庭（アグネス・チョウ）氏は「民主の女神」とも言われて、日本ではかなり有名になりました。彼女は国家安全維持法が施行されてからは政治活動を完全に停止させていたにも関わらず、国家安全維持法違反容疑で逮捕され、禁錮10カ月の実刑判決を受けました。法律を制定してからその制定前の行動を裁く事後法の扱いで、近代的な法のあり方としては完全に否定されるべきものです。こうしたあり方は西側世界で考える法治のあり方とは全く違うものですが、中国では当たり前です。

はっきり言えば、「法」という言葉を使っていますが、現実には「法」とは何の関係もないという本質に気付くべきでしょう。権力者がダメと言えばダメであり、法に書いてあるかどうかも関係ないのです。法律に書いていないことでも習近平が「そんなのはダメだ！」と言えばそれでダメなのであり、それでは問題になりそうなら後からでも「法」を作ればそれで済むという発想をしているのです。我々が当然だと思っている西側の「法」の理解を、この「法による国家統治」といった言葉に持ち込んではいけないのです。

そしてこんな「法による国家統治」のあり方を「全面」的に強化したのが習近平でした。今後も事後法のような形で、習近平が正しいと考えるあり方を突然社会に押し付け、それに違反していることを理由に逮捕され処罰される人がどんどん出てくるはずです。「厳しい党内の統治」は共産党員に向けたものではありますが、やはり共産党中央の指示に絶対的に従えというもので、狙いとしては「法による国家統治」と同じです。端的に言えば、習近平の言うことに逆らうことは絶対に許さないということです。

この「法による国家統治」と「厳しい党内の統治」を全面的に推し進めるぞというのが習近平路線です。表向きには示していないのですが、これは従来の鄧小平路線の事実上の完全否定です。

鄧小平路線を表すのにわかりやすい話として「白猫黒猫論」というのがあります。「白い猫でも黒い猫でもネズミを捕るのが良い猫だ」というのがその話ですが、正しい理論とされる社会主義（白い猫）でも、間違った理論とされる資本主義（黒い猫）でも、ちゃんとご飯を食べられるようにしてくれる（ネズミを捕る）のがいい猫だというわけで、イデオロギーに杓子定規にこだわるのは愚かだということを説明したものです。社会主義にこだわってご飯も満足に食べられないなんてバカバカしいよね、資本主義をどんどん取り入れてみんな豊かになったほうが絶対にいいよねというのが鄧小平の考えでした。

この鄧小平路線によって改革・開放がどんどん進められ、中国は驚異的に発展しました。ですがこれによって汚職が蔓延し、金のためなら何でもやるような風潮が広がり、精神は退廃し……という感じになり、こうしたことが習近平には許せなかったのでしょう。このたるんだ状態は許せないとして、本来の社会主義路線に引き戻すべく、「4つの全面」を打ち出したのではないかと思われるのです。

習近平は論語にある「吾日三省吾身」(われ日にわが身を三省す＝自分のあり方は正しいかと一日に何回も繰り返して省みる)を持ち出して、共産党幹部に対して精神修養するように求めました。建前としてそういうことを言う程度であれば、別に注目する必要もないのですが、何とそのための学習アプリまで準備して、これを毎日何回もやるとどんどんポイントが上がり、それが出世にも影響するというようなことまで始めました。筋金入りだということがわかるでしょう。

中国共産党の公式文書は自分たちを美化するためのレトリックがたくさん混じっていますから、書いてあることを頭から信用するわけにはいきません。ですが、スマホに搭載する学習アプリまで用意して、しかもそれを使った学習を強制させるような仕組みまで用意しているのは、彼がこの点で本気であることを示しています。

習近平が反腐敗キャンペーンをやっているのは、政敵を潰すための口実にすぎないと考えていた人が多いと思います。もちろん政敵を潰す口実としても当然使っているのですが、腐敗しきったこの状態を正さねばならないという思いが彼の中に強くあるのは、恐らく間違いないと思います。みんなが自分の利益をどうやって増やすかを考える中で動いているより、そんなことは全く考えずに社会に奉仕することだけやるようになったほうがまともな社会になるんじゃないか、こんな発想なんですね。

ちなみにマルクスの理論では、資本主義の中で生じる弱肉強食の経済原理の中では、どんなに良心的な企業家であってもこの競争に打ち勝つことを前提にしないわけにはいかず、その仕組みの中に企業は置かれ、企業の中で働く人たちのあり方にも貫徹され、そのために非人間的な社会になっていくと考えています。つまり、競争に打ち勝つために会社の利益につながらない無駄なことはどんどん削られることになり、これにより職場は人間的な潤いをなくしていくことになると見ているわけです。人間という生き物は人のためになることをしたい生き物であるのに、そういう気持ちを出そうと思っても、資本主義という仕組みがそんな甘っちょろいことは許してくれなくなる、だから資本主義はダメなんだみたいな考えです。

社会主義になると私的利益のことを最優先する必要がなくなり、そうした社会状態の中では人間の意識も社会主義的に変容していくことが期待されていました。つまり、社会主義になれば、みんなのために尽くしたいという人間の心の奥にある意識が、私的利益を優先しようとする考えに邪魔されずに、表に出やすくなるのだと考えているわけです。そしてその変化が生じないのは、人々がまだ資本主義時代の意識から抜けられず、自己利益を優先してしまう古い意識を持ち続けているからであり、この点での思想革命が必要なんだという話に繋がったりもします。

こうした意識の変容は、自称「科学的」な社会主義理論を打ち立てたマルクスだけが信じていたわけではなく、ロシアの暴力革命を指導したレーニンにしても、信じていたと私は思っています。ですから、陰謀でもなんでもいいから、まずは資本主義を打倒して社会主義を成立させることが大切で、そこで私的所有を廃止して自己利益のために働く動機を失わせれば、社会主義的な人格が育って社会はうまくいくと考えていたと思われるのです。

ですが、現実に社会主義を成立させてみると、そんな意識の変容は全く起きませんでした。むしろ公務員的な立場になってしまえば、上の言うことに逆らわずに無難にテキトーにやっていく人間たちばかりになりました。このあたりのもっと詳しいところは、『左翼を心の底から懺悔させる本』（取り扱いはアマゾンのみ）で詳しく説明していますので、よかったら読んでみてください。それはともかく、この点が社会主義者たちの大いなる誤算なのです。

習近平は社会主義化を推進すればお花畑的な人間意識の変革が生じるなどと考えるおめでたい人間では断じてないとは思いますが、それでも彼は自己利益のために邁進する乱れた精神は糺すべきであり、そのための綱紀粛正ができれば、中国は今よりも良い社会になると信じているのでしょう。そのために私的利益の追求と結びついた、勝手気ままな企業家の行動を潰しまくっているわけです。こんな路線を進めたら中国の経済は潰れてしまうと、中国の経済学者たちがみんな反対に回っている中でも、そんな声は耳に入らないかのように、純粋社会主義への逆流路線を習近平は強めています。そしてこの純粋社会主義方向への逆流が中国の革新を止めてしまい、どんどんダメにしていく道になっていかざるをえないのです。地方政府と共産党組織の腐敗ぶりを告発した、鶏西市の元副市長の李伝良氏の話を思い出してください。だから中国はもう終わりなのです。

さて、万達集団を創業し、不動産事業を中核にしながら派手な海外企業の買収で名を馳せ、中国1位の大富豪にも上り詰めた王健林という人がいます。彼は習近平総書記に嫌われたことから運命が一気に暗転したといわれていますが、これも単純な好き嫌いの問題ではないと思います。王健林氏のビジネス手法がそもそもあるべき姿ではないと習近平はとらえたと考えるべきでしょう。というのは、海外企業を買収することを通じて、自分の資産を外貨資産に変えていることが、国家に対する裏切りだとして習近平には許せなかったのです。習近平の圧力により、万達集団は突然中国の銀行からの借り入れを停止され、保有資産を次々と売却せざるをえないところに追い込まれました。

「自分が苦労して稼いだ金だから、投資したいところに投資する」と王健林氏は以前は語っていたのですが、「国家の呼びかけに積極的に答え、国内で主要な投資を行っていく」と発言を180度変えて、共産党と習近平指導部への忠誠を示す方向に転換しました。それでも今なお習近平政権によって冷や飯を食わされ続けています。あんなとんでもない野郎を許したら、同じようにけしからん奴が出てくると思っているのでしょう。ちなみに王健林氏の息子の王思聡氏も不動産、銀行預金、車などの資産をすべて差し押さえられ、消費制限命令、つまり贅沢禁止令みたいなものも受けているのですが、息子までここまでされていると聞くと可哀想になりませんか。ここにも資本主義的な自由な精神は認めないとする、習近平の考えが表れているとは思わないでしょうか。

安邦保険集団を創業し、保険を核に銀行や証券も抱える総資産2兆元（約32兆円）の金融集団に急成長させた呉小暉元氏も、2018年に詐欺や職権乱用の罪に問われて懲役18年を言い渡され、個人資産105億元（1600億円）は没収となりました。

ハンター・バイデンとの強い結びつきでもその名を知られるようになったエネルギー企業の中国華信能源の創業者の葉簡明氏も、2018年に身柄を拘束されました。今でも当局に拘束されたままだと一応されています。行方不明になっていて、実際のところは生きているのか死んでいるのかもわかりません。この華信能源は葉簡明氏の拘束後になぜか破産しています。

上場企業9社と金融機関30社を傘下にした明天集団を築いた肖建華氏は、香港のフォー・シーズンズ・ホテルにいたはずなのですが、2017年に中国の公安警察に身柄を拘束されて中国本土に連行されました。「一国二制度」のもと、香港の警察組織は本来は中国本土から完全に独立しているはずで、中国本土の警察が香港で活動することなどできないはずです。そうしたことを考えて肖建華氏は香港を活動拠点にしていて、さらに用心のためにボディガードも数人付けていたと言われています。だがそんな程度のことでは中国共産党の手から逃れることはできず、拘束・連行されたのです。恐ろしいですね。このあり方が習近平の考える「法による国家統治」です。そして肖建華氏も今や生死すらよくわからない状態にあります。そして明天系の金融・保険企業9社は当局に接収されました。

中国ではまだパソコンが全くなかった1995年にパソコン企業の福中電脳を立ち上げ、保有資産40億元の福中集団にまで育て上げた楊宗義氏も、違法公衆資金預金横領の容疑で連行されました。

小さな農場から従業員9000人を超える大農場を築いた河北大午農牧集団の創業者である孫大午氏も家族や企業幹部らとともに突然連行され、企業資産が当局に接収されました。

そしてアリババの創業者のジャック・マーも2020年の10月24日を最後に3カ月ほど姿を全く見せなくなっていろんな憶測が飛びました。中国からアメリカに亡命した大富豪の郭文貴氏は以前に、そのうちジャック・マーは殺されるか収監されるだろうと予言していましたから、ついにその時が来たのかという話にもなりました。ジャック・マーは杭州から深圳までプライベートジェットで移動し、知人のプライベートクルーザーで深圳から香港へ渡り、香港からさらにプライベートジェットで高跳びしたんだというまことしやかな噂もありましたが、中国国内で姿を見せましたから、国内で当局の監視下に置かれていたということなのでしょう。

なぜジャック・マーが再び現れたのかの理由ははっきりとはわかりません。これはあくまでも私の憶測に過ぎませんが、ジャック・マー失踪のニュースに中国の経済学会や財界が「さすがにこれはありえない」という声を強めたのではないかと思います。日米欧の政財界もドン引きしたはずです。そしてそんな懸念がいろんなルートで習近平に伝えられ、さすがに世界中を敵に回すようなことはまずいということで、穏便に済ませたということではないかと想像しています。

ですが習近平がこれでアリババの国有化を断念したり、そのサービスへの邪魔を諦めたと考えるのは、おそらく違うと思います。ジャック・マーが姿を見せたと言っても、あるイベントにオンラインでスピーチをしたということにすぎませんから、依然として当局の監視下に置かれている可能性もあります。しかもジャック・マーが姿を見せた同じ日に、中国人民銀行は「非銀行決済機構条例」の草案を発表し、フィンテック企業に対する規制を進める姿勢を示しています。同草案では、スマホでやり取りする電子決済市場では、単独で半分以上のシェアを占めたり、二社で三分の二に達したり、三社で四分の三に達した場合には問題にするとしており、現在単独で半分以上のシェアを越えているアント・フィナンシャルに対しての圧力は依然として続くことになります。

私としては中国が世界覇権に近づく行動を取ってもらいたくないので、このまま習近平が暴走してくれることを期待しています。アリババやアント・フィナンシャルのサービスを温存させたまま、ここにデジタル人民元を乗っけてくるということがないように望んでいます。そして習近平はこのままアリババ弱体化路線で行ってくれるのではないかというのが私の読みです。

ジャック・マーについては、今のところ命を奪われるようなことにはなりませんでしたが、習近平から危険視された企業の創業者は次々と逮捕され、その資産はどんどん没収されてきました。そしてこうした動きが最近になって急激に強まりました。つまり、習近平の権力体制がどんどん強化されているのです。

「国進民退」（国有企業の拡大と民間企業の縮小）などの流れの中で、アリババもテンセントもやがては国有化され、その利権も奪われていくのはおそらく間違いないでしょう。今や国家にとって基幹産業となったインターネットビジネスは、国有化が正しいあり方だと考えるのが中国共産党的なものの見方になるかと思います。この中で習近平が好ましくないと考えるビジネスモデルは否定されることになります。消費者から見て便利なサービスであっても、彼らの考える「正しさ」から外れていれば、それは止められることになります。この結果、将来発展していく芽も摘まれることになるのは明らかです。

ジャック・マーやアリババのあり方を大切にすれば、第二のジャック・マーを目指すようなこともあるでしょう。ですが、国内の有名な企業家が次々とこつ然と消え、恐らくは当局に拘束されたのだろうが、実は生死すらわからないなんてことになっていたら、そんな中では企業家は安心して新しいことに挑戦することなどできないでしょう。

劉鶴副首相はかつて「五六七八九」と語ったことがあります。民間企業が租税の5割以上、GDPの6割以上、輸出と技術革新の7割以上、都市雇用の8割以上に貢献し、企業数では9割以上になっていることを示したものです。それだけ民間企業は大切だということを表した言葉でした。

ですが近年習近平やその取り巻きから聞こえてくるのはこれとは真逆の言葉です。「私的所有権を撤廃せよ」とか「民間企業の歴史的任務は完了した」とか「共産党の論理と資本の論理は両立しない」とか「共産党は資本を支配しなければならない」とか「（民営資本は）現在消滅していないのであれば、将来的に消滅されなければならない」といったことが普通に語られているのです。これらは習近平の考えを表したものであり、こうした発言を行うことで習近平に取り入ることができます。中国共産党の上層部からのこうした声に晒されているのが今の中国なのです。

経済に詳しい劉鶴副首相はこうした方針に問題があることは、心の底ではわかっているとは思います。本来であれば、彼は習近平の経済分野の側近ですから、彼の考え方を習近平にしっかりと伝えるべき立場なのです。ですが、習近平の側近はイエスマンでないと務まらないのが実際で、劉鶴にしても習近平に意見することはできないのでしょう。

この結果、中国経済を引っ張る革新企業の革新性はどんどん消えていくことになります。こうして中国共産党は次々と「金の卵」を潰していくでしょう。アリババが国有化されて、中国共産党の高官が利権を求めて役員として入り込むようになった時に、アリババの革新性が持続するはずはないのです。

実はこの点は以前にもご紹介した中国人民大学の向松祚教授が非常に強く懸念している問題でもあります。向教授は中国で民間投資が伸びないのは金利が高いからとか財政政策が弱いからとか投資機会がないからなんかではなく、政策の見通しについて人々が不安に満ちているためだと述べています。本当に企業家の自信を回復させるには民間企業家の命と財産の安全を確実に保証する仕組みを構築するしかなく、共産党の意向でどう転ぶかわからない状態では企業家の信頼を取り戻すことはできないというわけです。

私は現在の中国の経済環境は民間投資を行うのに非常に厳しい状態だと思っていますので、この点では向教授とは立場は異にしますが、それでも向教授が危機感を抱いている企業家心理についての懸念には全面的に同意します。ですが、習近平の考え方からすれば、向教授の懸念に応えることはないでしょう。

習近平は中国のさらなる発展のためには資本主義に飲まれてたるんだ精神を改革しなければならないし、それによって道が拓けると、本気で思っているはずです。習近平にしてみたら、ジャック・マーとかは社会全体の調和など頭になく、自分のビジネスの発展と自己利益だけしか考えていない利己主義者であり、ああいう奴らがのさばっていては社会は正常に発展することはないと思っているのでしょう。

この点で皮肉なのは、習近平が共産党総書記になってからの2013年の秋に開いた共産党の第18期3中全会（第3回中央全体会議）での決定です。この3中全会では、企業が主体的に経営して公平に競争し、消費者が自由に選択して主体的に消費し、商品と要素が自由に流動し、平等に交換される現代的市場システムを構築することが謳われました。その後もこの方針は公式的には改まっているわけではないのですが、こうした方向性に現実の中国が向かっているとは全く思えないのです。

むしろこの方針とは真逆に、企業の経営に対する中国共産党の口出しが増え、公平な競争が阻害され、消費者が便利だと思っているサービスが既存の秩序を崩すことを嫌って規制され、民間企業の自由な動きが阻害されています。そしてこの傾向が習近平体制がかなり強化されてきた近年になって、ぐんと強まっている印象があります。

このことに示されるように、中国では公式に発表されている方針に何が謳われているかは、現実に中国がどう向かおうとしているのかとは全く関係ないということが多いのです。ですから、公式発表だからといって決して鵜呑みにせず、実際には中国はどう進もうとしているかは、こういう先入観を除外した上で見ていかないといけません。こうした公式見解に幻惑される中国ウォッチャーがかなり多いことには警戒感を持っておくべきでしょう。

債務が六〇〇兆元（1京円！）を超えた！

中国の朱鎔基元首相の息子の朱雲来氏は、中国を代表する金融専門家です。父親の朱鎔基氏もすぐれた経済理解を持つ人だったとして知られていますが、父親から小さい頃から様々な教えを受けてきたのか、朱雲来氏の経済に対する見方はかなりしっかりしているように感じます。

朱雲来氏は2018年に非公開の講演の席で中国の2017年末での債務の合計が600兆元（1京円）をすでに越えていたと語っていたことが表沙汰になって、大騒ぎになりました。勘違いしないでもらいたいのは、これは中国政府の債務ではないところです。中国の政府、企業、個人の債務の合計値のことを言っています。

朱雲来氏によると、中国経済が平均して年率10％近く成長していた期間に、債務はその2倍の勢いで増えていたと発言しました。正確には中国経済の平均成長率は10％ではなく9・5％だと発言し、債務の方は平均して16・6％の成長だとしています。なお、朱雲来氏の発言は、厳密には資産の伸びが16・6％なんですが、これは負債の伸びが16・6％と言っているのとほぼ変わらないですから、これに基づいて考えます。

9・5％の経済成長を8年続けるとちょうど経済規模が2倍くらいになります。ということは、改革・開放が始まってからの40年間で経済規模は32倍になったということになります。

一方16・6％で債務が増えたとすると、債務は8年間で3・4倍くらいになります。このペースが40年間続いたとすると、債務は460倍くらいになっていることになります。つまり40年間の積み重ねで考えると、GDPの伸びのさらに15倍近い伸びで債務が増えてきたと言っているのです。

朱雲来氏はこういう計算結果についてはこの講演では全く話していません。「GDPの成長率は9・5％で10％に近く、世界で最も高い成長率だ」と一応誇ってみせた上で、さりげなく「我が国の総債務はGDPの伸びの2倍の成長率で拡大している」としか言っていないのです。聞き手が普通に思い浮かべるのは「GDPの2倍の伸びか。ちょっとマズいなあ」くらいだと思いますが、実際には40年の積み重ねでは「GDPの拡大より15倍近く負債が大きくなった」ということになるわけですから、その本当の衝撃度は遥かに大きいはずです。聞き手には危機の本当の深刻さがあまり伝わらないようにしながら、実はとんでもなく衝撃的なことを述べていたというわけです。

40年前に中国のGDPの額と中国の総債務の額が同額だったとしましょう。そうすると40年後の現在は中国の総債務はGDPの15倍になっているということになります。「同額なんて多すぎないか？」と思うかもしれませんが、決して多すぎるということはありません。日本貿易振興機構（JETRO）によれば、2020年の第1四半期のアメリカのGDPに対する総債務の比率は246・6％、ヨーロッパの平均では265・7％、韓国が243・7%、日本は382・7%です。中国の総債務残高が40年前にGDPと同額だったのではというのは決して大きすぎる想定ではないと思います。

そしてこの前提で話を進めると、現在の中国の総債務残高はGDPの1500%に達しているということになり、これは世界的に見てもありえないくらいに巨大だということになります。繰り返しになりますが、朱雲来氏がこの水準に達していると言ったのは2017年末のことであり、その後はこれがさらに拡大しているのは間違いないところです。

GDPの成長率と債務の成長率が同じであるなら、極めて健全に経済が成長しているという話になります。ところが、GDPの成長よりも債務の成長のほうが遥かに大きいということになると、その経済は非効率な成長を遂げているということになるはずです。

1990年代前半に中国、韓国、ASEAN諸国といった東アジアに立地する国々が大きく成長して、世界の経済成長を牽引する状況になった時に、スタンフォード大学のポール・クルーグマン教授は、これに水を差すような感じで、この東アジア地域の成長は資源の大量投入によって実現したものでしかなく、効率性が低くて永続性がないものだと批判しました。そして1997年からアジア通貨危機が始まり、彼の考えが正しかったことが立証されたともいえます。アジア通貨危機は国際金融資本のあくどさを見せつけた事件でもあり、彼らの行動をそのまま是認する気には全くなりませんが、それでも彼らに簡単につけ入れられる経済上の歪みがこれらの国々の中で発生していたのは事実だと思います。中国は社会主義経済という国家統制が強いられる経済体制であったために、アジア通貨危機の影響を小さく押し止めてその後も非効率な経済をどんどん拡大してきたわけです。40年間にわたったツケはＧＤＰの15倍の勢いで成長した総債務残高であり、これが中国経済の非常に大きな重しになってきていると言えます。

朱雲来氏はさらに債務の内訳についても具体的に言及しています。銀行系は３９９兆元、証券系は87兆元、保険系は15兆元、ファンド系は11兆元、その他は88兆元で、さらに普通は表の世界では扱わない闇金融系が68兆元だということまで計算に入れて、合計６６９兆元（1京６００兆円）だと述べています。

２０１７年の中国のＧＤＰは公式では87兆元（１３００兆円）だということになっていますが、これに基づいて総債務残高の対ＧＤＰ比を求めても、ざっと８００％ということになります。第1章で示したように、実質はこの半分程度だと見るべきではないかというのが私の一応の推計でした。これを前提に考えると、中国の総債務残高は２０１７年段階でＧＤＰの１６００％程度に達していたとみなされることになります。

いきなりこんな数字を出されたら、眉唾ものだと感じるのが普通の感覚だと思うのですが、今までの議論を踏まえてこの数字を見れば、そんなに外れていないかもと思えるのではないでしょうか。

ＧＤＰの１６００％に達している債務が仮に平均で５％の金利を求めていると考えても、単純計算でＧＤＰの80％が利払いに回らなければならないという構図になるのは理解できるでしょう。ただし、この金利の大半は中国国内で循環しているので、中国国外に出ていって残りの20％だけで中国人が生活しているという意味ではありません。

それなら中国人の間でお金が動いているだけなのだから、債務が巨大であってもそんなに問題はないのでは、と思うかもしれません。そこがそうならないことを理解してもらいたいのです。

ある会社が年間で１０００億円の売上をあげ、原材料費とか人件費とか水道光熱費とかを差し引いて１００億円の儲けが出ていたとしましょう。この１００億円の利益のうち80億円が金利の支払いで消えた場合に、この企業が手にするのはわずかに20億円ということになります。そしてここに５億円くらいの法人税の支払いもかかってきますから、手元に残るのは15億円です。この企業が思い切った新規投資を行うでしょうか。少なくとも最終的に手元に残るお金が60億円とか70億円ある会社に比べたら、消極的にならざるをえないのは理解できるでしょう。

実際には個別の企業がどの程度の借金を抱えていて、どのくらいの金利負担になるのかというのはバラバラです。なので全部の企業が同じような状態になっていると考えるとしたら間違いでしょう。それでも社会全体として見た場合に、この巨大すぎる債務が社会の効率性と発展可能性を大きく奪っているのは間違いないのです。

さらに言えば、企業収益の大半が本業からではないといったことも、既に見てきたように普通に起こっているわけです。もちろん本業をちゃんと頑張っているという会社も中にはあるとは思いますが、財テクばかりに頼っている会社が多いというのも確認してきたとおりです。

ではこうした問題を抱える中で、中国はどうすれば経済成長を実現することができるでしょうか。

一つは、この状態からさらに債務を拡大させるというやり方です。

収入がないのに1億円の借金をしている人がいるとしましょう。それでも銀行がこの1億円の借金の利払いを新たな借金として認めて、さらにこの人に毎年500万円ずつ生活費として貸し続けるなら、この人はずっと生きていられるはずです。この時に利払い分と毎年500万円は新たな債務として拡大することになります。そして500万円を毎年消費支出として使い続けるなら、その支出分はGDPに貢献し続けることになります。

さらに生活費として貸してもらえる金額が年々5%の割合で増加を続けるなら、その

5％の増加分はGDPを拡大させるのに役立つことになります。もちろん一人だけ5％ずつ増やしてもあまり意味はないでしょうが、社会全体で同じように増やしていくならば、GDPを成長させることは十分に可能になります。

仮に現在の中国の本当のGDPが50兆元（800兆円）で、総債務残高がこれの16倍の800兆元（1京3000兆円）であるとしましょう。平均金利が5％であるとすると、40兆元分（640兆円）の債務を新しく増やさないと、経済に対して金利負担が与える影響を取り除くことができません。つまり40兆元分の債務を増やしてようやくゼロ成長レベルに持っていくことができるという感じなのです。

金利負担が与える影響を全額取り除く必要があるのかと言われれば、厳密にはそうではないのですが、ここまで債務残高が大きいと、この負担を全額そのまま負担しながら経済成長を考えるというのはどう考えても無理なのです。その負担の大半を新しい債務を増やすことで緩和させないで経済成長させることなど、絶対に不可能です。

もう一つは、不動産バブルを拡大させることです。5000万円で購入したマンションが8000万円の評価になったとすれば、3000万円儲かった気分になって財布の紐が緩むというのは、理解できますよね。マンションを売って現金化していなくても、バブリーなことにお金を使いそうな感じはしませんか。現金がないなら使えないじゃないかと思うかもしれませんが、資産価格が上昇すると、担保価値の上昇によって借り入れ限度額が増えますね。そこで新しく借金を増やせば、贅沢品の購入だってできてしまうわけです。お気づきの方もいるとは思いますが、この不動産バブルの拡大は、本当は債務の拡大と表裏一体のものですから、二つの方策と書きましたが、現実には一つの方策ということになります。

それはさておき、習近平は「まともな社会主義者」ですから、債務の拡大も不動産バブルの拡大も絶対にやりたくないというところを忘れないでください。道徳的には彼の判断は正しいといえるのでしょうが、これを今の中国に単純に押し付けたら大変な事態を招きます。それでも習近平は自分の信念を貫き通したいこともあって、権力基盤を固めてきました。そして今やほとんど誰もが習近平に逆らえなくなりました。

２０２０年の11月から国有企業の債務不履行（デフォルト）が急増したのは、すでに見たとおりです。そしてこれは習近平が債務の拡大を嫌って安易な貸し出しを銀行にさせないようにしたことも背景の一因であり、習近平が権力をさらに固めた証拠であるともみなせます。

共産党政権のもとで、債務の拡大とバブルの成長をまだしばらく実行し続けることは理論的には一応可能です。ですが、習近平はこのことを絶対に気に入らないし、進んでやろうとはしないでしょう。

2021年は中国共産党の結党100周年にあたりますから、これを迎える7月までは何とかいいムードを作ろうとして、様々な手段を一時的に緩めるつもりだとは思います。2020年12月に2021年の経済政策の概要を決める中央経済工作会議が開かれましたが、ここにも前年の工作会議にはなかった「積極的な財政政策」との文言が入りました。財政をふかしていい経済環境を作ろうとするのは間違いないでしょう。ですが、これが最後になると見るべきです。

8月以降は恐らくはかなりのブレーキを掛けていくと思います。ブレーキの掛けすぎによって社会不安が大きくなると、急激にブレーキを緩め、それで一旦落ち着くとまたブレーキを掛けるようになり、それでまた社会不安が大きくなるとまた緩めるというやり方になるでしょうが、ポイントは習近平の考え方では「ブレーキ先にありき」なのだということです。これで中国経済が今後成長すると思いますか。明らかにそうはならないはずです。むしろ債務圧縮の苦しみにのたうち回るに決まっています。ですから中国経済はもうこれ以上引き延ばせないと宣言していいのです。

ところで、中国の改革開放経済の理論的な支柱となった北京大学教授の呉敬璉氏は、習近平とは真逆の立場に立つ論客ですが、次のようなことを言っています。

中国の経済は国有経済を温存したまま、その外に民有経済を構築してきたのが特徴ですが、国有経済側がその権力によって民有経済を攪乱する利権行為をはびこらせてしまいました。市場経済がさらに進むことは自分たちの利権を奪われることになるために、国有経済を支配する共産党幹部たちはこれに抵抗し、権力で改革を捻じ曲げ、権力によりさらに多くの財産を獲得してきました。政府が経済を支配する権力を削いでいかないと、経済をうまく回すことはできません。現在中国で生じている問題は改革・開放の不徹底によってもたらされているものですが、これを改革・開放を進めすぎた結果だと誤って捉えて、もとの社会主義に戻ろうとする勢力がいます。彼らは不平等が拡大したのは改革・開放の結果だと言いますが、実際には改革・開放の不徹底が原因で、共産党の権力層がその力を背景に利権を貪る不平等が残されているのです。こうした行動を排除して、機会の不平等をなくすことの方が、むしろ経済的な平等に近づく道ではないですか。

習近平は問題が生じたのは改革・開放をやりすぎたからだと考え、政府がというよりも習近平自身が経済をコントロールする力を持ち、自らが示す正しい路線に全人民を従わせなければならないと考えています。この発想は毛沢東に近いものであり、実際には経済を破壊するものでしかないのです。

さてここで、2020年の中国の経済成長率の公式統計がどうであったかを改めて別の観点から見ていきましょう。公式統計がごまかしに満ちたものなので、あてにはならないのは当然ですが、それでもここにも隠れた真実というものが見え隠れしています。

2020年は年間で2・3％の経済成長をしているということになっていますが、社会消費品小売総額、つまり一般の中国にいる人たちが日常の小売消費に使ったお金の総額は3・9％の減少でした。製造業の設備投資も2・2％の減少でした。では何が経済成長に寄与したということになっているかというと、不動産開発投資と輸出です。不動産開発投資は7・0％の増加でした。輸出は3・6％の増加で輸入が0・2％の減少でしたので、貿易黒字は大きく増えて5350億ドルとなり、これもGDPに貢献しました。

輸出入の統計はドル建てから元建てに変わったので操作しやすくなったという噂もありますが、それでも大きすぎる操作はさすがにできないでしょうから、一応の信頼はしてよいのではないかと思います。ですが、その他の統計については全く信頼できないのはもう説明する必要もないですよね。それでも「そうなのかも」とある程度は騙されてくれるくらいの数字にしなければならないところが、恐らく国家統計局の悩みなんだろうと思います。

国家統計局の職員の立場になって考えれば、「コロナの感染拡大で都市封鎖までやって、2～3月の小売消費の落ち込みが半端なかったのはバレているわけだから、ある程度減っていることにしないとさすがにまずいだろう」とか、同様の理由で「さすがに製造業の設備投資が増えているというわけにはいかないだろう」といった判断があり、それぞれ3・9％の減少、2・2％の減少という数字でごまかしたのではないかと考えられるわけです。私からすれば、この数字自体もフェイクであるのは当然で、もっとマイナス幅が大きいのは当たり前です。中国では失業者が7000万人程度は増えたんじゃないかというのは、様々な機関が等しく推計しているわけですが、にも関わらず、日本で配られた一律10万円の定額給付金のような痛み止めも、中国政府は全く渡すことはありませんでした。それなのに、4月以降は小売消費はどんどん急回復し、11月には前年同月比で、つまり1年前と比べて5・0％も増えているということになっています。年間トータルでは小売消費は3・9％の減少ですが、11月には前年同月比で5・0％増という扱いなのです。実際には失業率が10％程度は増えているはずなのに、そして彼らに失業手当などほとんど出していないはずなのに、どうしたら前年よりも5％も消費が増えるようなことがあるのでしょうか。失業者があまり増えていない日本だってそんな事態にはなっていないのに、ありえないでしょう。

では不動産開発投資の7・0%の増加についてはどうでしょうか。

先にも書きましたが、不動産ディベロッパーは現在中国政府の強烈な圧力を受けて、経営破綻の直前まで追い詰められているところが多いのです。最大手の中国恒大集団が所有不動産の大幅値引きまでして手元資金の確保に走らざるをえなくさせられていたことも既に述べました。この大幅値引きから何が言えるかといえば、不動産を販売した時に生まれる付加価値が大幅に減っているということです。付加価値の合計がGDPですから、GDPを構成する要素がグンと減ることになります。これが7%も増えるというのはオカルトです。

例えばマンション開発において、土地の仕入れ値が40億円で販売価格が100億円だとした場合には、GDPに関わる部分は、大ざっぱに言えば、販売価格の100億円から土地の仕入れ値の40億円を引いた60億円の部分となります。

さて、この物件を3割引で販売した場合には、販売価格が70億円になりますから、GDPに関わる部分も販売価格の70億円から土地の仕入れ値の40億円を引いた30億円の部分となります。3割値下げしない場合はGDPに関わる部分は60億円で、値下げすると30億円ですから、物件を3割引で売ると、GDPに対する貢献は半分になってしまうわけです。この場合には、売った物件数を2倍にし、売上を1・4倍にしないとGDP統計上は同じ貢献度にはなりません。この条件の中で7％もGDPの計算要素を成長させるというのは相当に厳しい話になりますよね。

年間を通じてすべての物件を大幅値引きしたわけではないといった反論がもちろんあることは承知しています。私がいいたいのは、値引きをした場合には、ＧＤＰの伸び率を遥かに上回る販売金額の伸び率が必要になるという構造です。販売金額が７％増えたらＧＤＰも７％増えるという話ではないのです。

習近平が不動産融資規制をどんどん強めて、不動産ディベロッパーをどんどん締め上げていたわけですが、この中で本当に付加価値が７％も増えるような不動産開発が行われたのかというのは、大いに疑問です。ただ、そういう形で何とか辻褄を合わせないとどうにもごまかしが効かないところまで中国経済は追い込まれていると考えるべきでしょう。

そもそも２０１９年12月に行われた中国共産党の中央経済工作会議においては、経済の「量」よりも「質」を問題にし、「穏」が強調されていました。経済が厳しい環境にあることを半ば認めつつ、大きく崩れない程度に対策するという意味合いであり、２０２０年には積極的な景気刺激策を取らない姿勢が示されていたとも言えます。こうした点から考えても、不動産開発投資が大幅に増えたとは考えにくいのです。

繰り返しになりますが、消費もダメ、設備投資もダメですから、不動産開発投資が大きく増えたということにしないと、2・3％の経済成長をしたというストーリーを作ることができません。それだけのことだと断言していいと思います。はっきり言いますが、本当はプラス2・3％の成長どころか、相当大きなマイナス成長であるはずです。

世界は中国の経済統計が信用ならないものであることにはある程度は気がついていますが、その改竄がGDP統計を少しいじっているくらいにしか考えていないようです。ところが、現実はそれどころではないのです。

満身創痍の中国を未だに支えているのは、はっきり言って幻想だけです。「中国はコロナ禍でもGDPのプラス成長を果たした世界で唯一の国である」とか、「世界一人口が多くて世界一のマーケットになる可能性を秘めている」とか、「2028年にはアメリカのGDPを追い抜きそうだ」とか、そうした幻想に騙されて中国投資を行う外国企業によって支えられている要素が大きいのです。

中国というと、今や外国企業がどんどんと工場を中国国外に移転させているイメージを持っている方も多いと思いますが、そのイメージは必ずしも正しいものではありません。国連貿易開発会議（UNCTAD）は、2020年の中国向けの外国直接投資額は1630億ドルとなり、中国が最も外国直接投資額が多い国だったと発表しました。中国から出ていく企業も多いのですが、中国に入って行く企業も意外と多いのです。中国経済の実情をある程度知れば、今から中国に投資するなんてありえない選択だとしか思えないのですが、これなども中国の経済の実像がまだまだ世界に知られていない結果だと言えるでしょう。

中国国内でも同様で、客観的に考えればどう見ても不動産投資はありえないはずなんですが、他にまともに資産運用できる場所が見つからないこともあって、なんだかんだと言いながら、不動産にお金を注ぎ込むことが続いています。値下がり現象が出現しても、そのうち戻るに違いないと多くの人が考えて投資を続けていることで、何とか値段が保たれているだけです。これ以上増やしても実際の価値など全くないと言っていいものを増やしているにすぎません。こうした事実が広がれば、中国経済は一気に崩壊します。そしてそれはいつ起こってもおかしくないでしょう。

中国経済はこれ以上引き延ばせない限界まで来ています。中国共産党創立100年を迎える2021年7月を過ぎてから、いろんなほころびがもっと見えやすくなってきます。そして世界がそのほころびに気づいてしまった時に、中国共産党支配経済の最後の鐘が鳴ることになるでしょう。

あとがき

現実の中国経済は満身創痍です。外貨は枯渇しかけていて、不景気でも金利を下げることも難しくなっています。米中対立によって最先端技術の西側からの導入もかなり困難になり、高付加価値製品に産業をシフトしていくことにも壁が立ちはだかりました。非効率な国有企業が優遇され、そうした企業は楽して財テクで儲けることばかりに目を向けています。急激に進行する人口減少により、恵まれた大都市でも経済を支える若者を積極的に獲得しようと動くようになり、地方経済の破綻はさらに加速しています。年金財政の枯渇が目前に迫りながら、打つ手がありません。腐敗した中国共産党の幹部たちが民有経済に不当に介入することで、中国経済を健全に発展させる芽をどんどん潰しています。将来中華帝国による世界支配の鍵となりうる仕組みでさえ、その可能性に気が付かずに破壊しています。壮絶な無駄になることがわかっている新幹線計画が未だに進行しているのは、実質よりも見た目の繁栄を重視する習近平政権のメンツのためであり、将来の中国経済の足を引っ張るのは確実です。

拡大しすぎた債務が様々な問題を引き起こし始めました。まだデフォルトの発生が起こっていないとされる各地の融資平台もネズミ講的な状況だと推察され、爆弾が破裂するのは時間の問題です。借金頼みの経済が行き着くところまで進んで、地方経済の中核的な国有企業までもが回らなくなってきました。現在よりもさらに衝撃的な大型デフォルトが起こってくるのは時間の問題でしょう。大きすぎて潰せない会社を何とか延命させるのに、「お前、助けてやれ」と言われてともに泥沼に陥らされる企業があるおかげで、目先の破綻が回避されているにすぎないというのも、中国経済の一つの現実です。不動産にも「灰色のサイ」が暴れだす兆候が出始めているのも見過ごすべきではないでしょう。

ありえないレベルの債務の拡大によって見せかけの繁栄を作り出してきた中国経済が、その肥大化した債務によって苦しめられる状態となり、この爆発に中国共産党は戦々恐々としています。中国経済はもはや引き延ばすことができなくなってきました。

公式ではまだ大きな成長をしていることになっていますが、現実には中国経済は恐らくマイナス成長に陥っています。巨大になりすぎた債務によって、本来資金が投じられるべきところに効率的にお金が行き渡らなくなり、その苦しさから逃れるためにさらに債務を拡大させることで息をつないでいます。それによって私たちの目にも明らかにわかるような破綻が引き延ばされているだけにすぎません。そして中国経済の本当の姿に世界が気づいてしまった時に、中国経済は本当の終焉を迎えることになります。

私たちはまがりなりにも自由、民主主義、基本的人権、法の支配といった西側の価値観を享受し、これらのない世界で生きるのは考えられなくなっています。こうした価値観が守られている社会は、私たちが暮らしていくのに快適であるというだけでなく、実は効率的な社会を作り上げるための重要なツールにもなっています。進んだ産業社会にはこうした価値観は必須のものです。

それなのに、そんな一番大切なところが見えていないようで、マスコミは中国経済が高成長しているという中国の宣伝を事実のように取り扱い、中央集権的で独裁的な国家体制のほうが経済成長を実現して国民生活を引き上げるのに適しているかのような幻想を振りまいています。未だに「まだまだ中国はこれからだ！」とか「中国を見習え！」みたいな主張を見ると、その倒錯したものの見方にため息が出てしまいます。

私たちは自分たちが享受している基本的価値観がこの経済社会の中で果たしている意味をもっと深く考えるべきではないかと思います。そのための一助として本書が貢献できるなら、著者として嬉しく思います。

朝香 豊

朝香 豊（あさか・ゆたか）
1964年、愛知県生まれ。私立東海中学、東海高校を経て、早稲田大学法学部卒。経済評論家。日本のバブル崩壊とサブプライムローン危機・リーマンショックを事前に予測し、的中させた。ブログ「日本再興ニュース」（https://nippon-saikou.com）は、冷静な視点で展開される記事が好評である。近著に『左翼を心の底から懺悔させる本』（取り扱いはアマゾンのみ）がある。

それでも習近平《しゅうきんぺい》が
中国経済《ちゅうごくけいざい》を崩壊《ほうかい》させる

2021年３月16日　初版発行
2021年４月３日　第２刷

著　者　朝香 豊

発行者　鈴木 隆一

発行所　ワック株式会社
東京都千代田区五番町 4-5　五番町コスモビル　〒 102-0076
電話　03-5226-7622
http://web-wac.co.jp/

印刷製本　大日本印刷株式会社

ISBN978-4-89831-834-8

好評既刊

「コロナうつ」かな？
そのブルーを鬱にしないで
和田秀樹
B-324
精神科医で臨床心理士でもある著者が、「コロナうつ」の多くの症例を上げて珠玉のアドバイスを贈ります。不安な方々の「こころのワクチン」です。　ワックBUNKO　本体価格九〇〇円

「米中激突」の地政学
茂木　誠
「シーパワー対ランドパワー」等、米中の外交史を振り返り、対立の宿命を明示。覇権国家の狭間で漂う日本が進むべき道を提示！
単行本（ソフトカバー）本体価格一五四〇円

統合幕僚長
我がリーダーの心得
河野克俊
退官後、テレビ等の討論番組にひっぱりだこの著者が初めて綴った自伝的防衛論。北朝鮮ミサイル、中国艦船尖閣侵入……「日本の危機」をどう乗り越えたか。
単行本（ソフトカバー）本体価格一五〇〇円

http://web-wac.co.jp/

好評既刊

日本学術会議の研究
白川 司

B-331

「学問の自由」を叫び、国の軍事研究を邪魔する一方で、人民解放軍ともつながる中国の機関とは共同研究をいとわない「特権階級・赤い貴族」を徹底解剖。 ワックBUNKO 本体価格九〇〇円

不安を煽りたい人たち
上念司・篠田英朗

B-330

「コロナ」「9条改憲」「学術会議」等々で、政府を批判し、民主主義の危機だと騒ぐ「煽り系」のサヨクの人達。そんなフェイク言論を二人の論客が徹底論破。 ワックBUNKO 本体価格九〇〇円

命がけの証言
清水ともみ

ウイグル人たちの「命がけの証言」に応えて、ナチスにも匹敵する習近平・中国共産党によるウイグル弾圧を、マンガで告発。楊海英氏との告発対談も収録。 単行本（ソフトカバー）本体価格一二〇〇円